本著作由教育部中国高校产学研创新基金项目（陶瓷文物碎片的三维虚拟拼合技术研究，项目号2019ITA01051）、江西省教育厅科学技术研究项目（汽车模具表面缺陷的数字化检测及修复技术研究，项目号GJJ212303；缺损文物碎片的三维拼合修复方法研究，项目号GJJ181032）资助。

部位缺损文物碎片的三维数字化及其拼合技术研究

BUWEI QUESUN WENWU SUIPIAN DE
SANWEI SHUZIHUA JIQI PINHE JISHU YANJIU

傅思勇◎著

江西高校出版社
JIANGXI UNIVERSITIES AND COLLEGES PRESS

图书在版编目（ＣＩＰ）数据

部位缺损文物碎片的三维数字化及其拼合技术研究/傅思勇著.--南昌:江西高校出版社,2023.9（2025.1重印）
ISBN 978 - 7 - 5762 - 4152 - 5

Ⅰ.①部…　Ⅱ.①傅…Ⅲ.①数字技术—应用—文物修整　Ⅳ.①G264.3 - 39

中国国家版本馆 CIP 数据核字（2023）第 159176 号

出 版 发 行	江西高校出版社
社　　　址	江西省南昌市洪都北大道 96 号
总编室电话	(0791)88504319
销 售 电 话	(0791)88522516
网　　　址	www.juacp.com
印　　　刷	三河市京兰印务有限公司
经　　　销	全国新华书店
开　　　本	700mm×1000mm　1/16
印　　　张	9.25
字　　　数	130 千字
版　　　次	2023 年 9 月第 1 版 2025 年 1 月第 2 次印刷
书　　　号	ISBN 978 - 7 - 5762 - 4152 - 5
定　　　价	58.00 元

赣版权登字 - 07 - 2023 - 660

前 言

　　文物虚拟修复的核心工作是碎片的拼合,通过数字化技术对文物碎片进行虚拟拼合,其拼合过程中主要涉及三维测量数据的获取、数据的预处理(数据去噪、精简)、数据特征的提取和碎片自动拼合等流程。为此,本书围绕文物碎片拼合过程中所涉及的一些具体问题而展开研究,具体主要工作如下:

　　(1)为了提高大视野应用场合下摄像机的标定精度,以实现提高三维测量精度,提出了一种综合多种畸变因素的标定方法。通过分析透镜的径向畸变、切向畸变和薄棱镜畸变等因素成像系统的影响,建立多畸变因素的成像模型;以平面的单应性为约束条件,计算出部分摄像机初始内外参数,并假定经畸变校正后的像点符合透视投影原理,据此求出畸变系数;最后通过多畸变模型,以迭代计算的方式逐步逼近精确值。实验结果表明,所提方法的标定精度不低于 Tsai 两步法和张氏标定法,且在不同强度噪声的干扰下,标定结果的变异系数低,表明所提方法的抗噪性能强,应用于双目立体视觉测量系统中能有效地提高测量精度。

　　(2)针对特征保持的点云精简问题,为此提出一种空间栅格动态划分的点云精简算法。该方法以空间栅格八叉树剖分为基础设计了一种空间栅格动态划分方法,以实现无须计算所有点的微分信息,就可初步定位模型的特征区域和非特征区域,为此仅需在特征区域内提取点云特征点并保留,而对非特征区域根据栅格尺寸大小进行不同程度的精简,从而保证模型在快速精简的同时能较好地保留其细节特征。应用研究表明,所提方法在精简点云的同时能较好地保持模型细微特征且避免孔洞的出现。

(3)针对点云特征提取问题,提出了一种基于点空间结构的特征点提取算法。该算法以空间栅格动态划分为预处理手段,将模型划分为特征区域和非特征区域,为此特征点仅需在细小栅格中提取,从而降低运算量;另外,针对特征点的提取问题,提出了一种新的点云特征检测算子——直线截距比的特征检测算子,分析了该检测算子与法矢夹角的关系,并据此构建特征点筛选的条件函数;针对因点云的非均匀性可能会引起特征点误判问题,引入关于距离的高斯函数对直线截距比进行修正,以降低远距离点对特征识别的贡献权重。应用研究表明,所提方法能快速、准确地筛选出特征点,具有良好的抗噪能力和更强的特征识别能力,对于不同密度、不同结构的点云模型均能较好地甄别出其细微特征,且所耗时更少。

(4)针对部分边缘缺损的薄壁碎片拼接问题,提出了一种基于导数动态时间规整的轮廓曲线段匹配方法。结合空间曲线的曲率和挠率的理论知识,给出一种空间曲线离散曲率、离散挠率的估算方法,据此构建了三维曲线的形状特征描述符。针对部分轮廓曲线存在缺损现象,首先根据角点对轮廓曲线进行分段处理,进一步采用导数动态时间规整算法筛选候选匹配曲线段;然后建立空间三角相似性和法向约束条件,以剔除伪匹配段并筛选出最佳匹配曲线;最后以迭代计算方式逐步逼近精确值。应用研究表明,所提方法能够解决缺损碎片的拼接问题,且拼合所耗时少,误差小。

(5)针对部分区域缺损的厚壁碎片拼合问题,提出了一种基于互补区域对的 ICP 点云碎块拼合算法。首先以体积分不变量构建局部区域平坦函数,据此将断裂面划分为不同的子区域(凹、凸、平坦区域);构建子区域的形状特征描述符,据此在断裂面之间寻找相似子区域以组成互补区域对,进一步建立距离约束、主方向约束和空间分布一致性条件以剔除伪互补区域对,并筛选出最佳匹配的断裂面;随后通过四元数算法实现碎块粗拼合,进一步以改进的 ICP 算法实现两碎块间的精确拼合。应用研究表明,所提方法能够有效解决部分区域缺损的断裂面拼合问题,且拼合精度高。

目 录
CONTENTS

第1章 绪　　论

1.1　研究背景与意义

　　中华民族已有五千多年的文明历史,在这悠长历史进程中出现过无数灿烂辉煌的文化,遗留下来许多的精美文物。这些文物是古人的智慧结晶,承载着古人的生活习性和文化形态[1]。它能从不同的侧面反映各个历史时期古人的社会关系和意识形态,以及利用自然、改造自然的状况;同时能作为传统文化的传承、教育、研究等工作的重要历史素材。

　　然而,文物只有一次生命,在历史的发展和时代的变迁过程中,不可避免地遭到人为破坏或受到风、水、空气等化学物质侵蚀,导致少有文物能够完整地保存到现代。有的已经被完全损坏甚至完全消失,只能从历史文献中得知其貌,例如阿房宫、圆明园等;有的部分损坏或风化,例如甘肃的莫高窟、山西的云冈石窟以及河南的龙门石窟;绝大部分文物破损成碎片(块),只能通过手工拼接方式还原其貌。

图 1.1　考古现场的文物碎片及部分修复的文物

在每次考古挖掘过程中都会出土大量残缺破碎的文物,如图 1.1 所示,文物修复工作者如需修复该文物,需要对每片碎片进行编号、记录、测量、分析、对比、绘图、拼合等一系列复杂步骤[2],并且每个步骤执行都是建立在上一步骤完美执行的基础上,诸多步骤都是按顺序执行,无法并行操作,碎片的数量一旦较多,则完成一件文物碎片的修复工作将消耗大量的时间和精力。又因人类大脑和肉眼在处理大量数据时,往往会表现出非常差的辨识能力和记忆能力,因此当碎片的形状复杂多变且数量庞大时,即使具有丰富经验的专业文物修复工作者也无法快速、准确地判别出各碎片之间的邻接关系。例如,现藏于上海博物馆中的明成化素三彩鸭子香薰,出土时已经破损为 450 块碎片,由国家级非物质文化遗产传承人、古陶瓷修复专家蒋道银历时 3 个月才将其修复完毕。又如南越王博物馆里的丝缕玉衣,出土时各片玉片散落一地,后由中国古代甲胄复原研究的泰斗白荣金先生经过三年才还其原貌。且手工拼接过程中,碎片与碎片之间不可避免地需多次尝试拼接,这样就极易对碎片造成二次损伤,甚至有可能造成永久性的破坏。因此,设计一种安全、快速的文物碎片拼合方法是一个亟待解决的问题。

1.2 计算机辅助文物复原概述

随着信息化技术的发展,尤其是三维测量、数字摄影、数字多媒体、Virtual Reality 等技术的兴起与应用,文物修复、复原及保护工作也进入了数字信息化时代,即可通过数字化技术对文物碎片进行虚拟拼合及修复[3]。相比于传统文物修复方法,通过计算机数字化辅助技术对文物虚拟修复的方式,不仅可以加快修复的速度,同时还能避免修复过程中对文物碎片造成损伤,且修复过程不受时间和空间的限制。另外,修复好的文物模型直接用于三维展览或检索,可实现文物永久性的数字化保护和资源共享。

1.2.1 文物碎片虚拟拼合流程

文物虚拟复原是一项多学科融合的交叉技术,具体涉及考古学、光学、计算机视觉、人工智能、三维立体测量等多个学科领域[4],其中文物碎片虚拟拼合是文物复原的基础核心技术。碎片虚拟拼合按技术路线划分一般可分成三维数据获取(三维数字化采集)、三维数据预处理、特征点和特征线的提取、碎片虚拟

在线拼合等几个阶段,具体如图 1.2 所示:

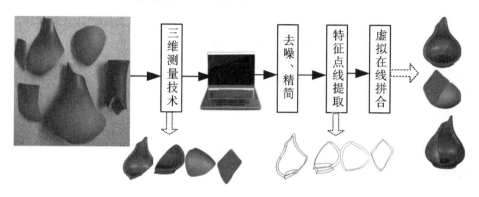

图 1.2　文物碎片虚拟拼合流程

(1)三维数据获取。对于一些平面文物可以使用高精度的扫描仪或数码相机等设备获取其二维图像信息,而一些立体文物碎片需通过使用三维扫描仪才能获取其表面三维信息,获取的三维数据最好能够完整记录碎片表面色彩、纹理等颜色信息,以便于后续研究应用。

(2)三维数据预处理。无论采用何种测量方案,测量过程中都会受到测量物体的外形特性、扫描环境、光照、人为扰动等因素的影响,导致所采集到的数据不可避免地带有噪声,且这些噪声点对后续特征提取、曲面注册拼接、重构都有很大干扰。另外,随着现有传感器技术的飞速发展,通过三维扫描仪可轻松地获得海量点云数据,但其中包含了大量冗余数据点,过密的点不仅会制约计算机处理速度,甚至还会影响到重构曲面的光顺性。因此,在不损失模型特征的前提下,对点云数据进行有效的去噪、精简等预处理操作是非常有必要的。

(3)特征点和特征线的提取。碎片拼接的核心是寻找到碎片与碎片之间的匹配关系,然后通过变换点云坐标,从而达到拼接目的。而碎片之间的匹配关系主要是根据几何特征的相似性进行判定。因此,点云模型的特征点和特征线的提取工作是碎片虚拟拼合的前提,是文物虚拟修复的核心技术之一。

(4)碎片虚拟在线拼合。根据特征点和特征线之间的相似性,查到各个碎片之间的邻接关系,进一步根据相邻碎片之间的空间坐标关系,通过旋转和平移将其精确对齐坐标位置,从而拼接成一个较大的碎块。最后,以该碎片作为新的碎片,又与其他碎片进行拼合,不断重复,直至恢复文物的原状。

1.2.2　碎片虚拟拼合所涉及的核心问题

综上所示,碎片虚拟拼合主要涉及三维数据采集、预处理、三维特征提取及特征匹配拼接等工作[5-6],碎片之间的拼合关系是根据特征点和特征线的相似程度决定的,因此文物碎片拼合所涉及的核心问题主要分为以下几个部分。

(1)三维双目立体视觉测量系统研究

由于碎片拼合可能需要用到碎片之间的颜色、花纹等信息,为此为保证后续研究所需,本书拟采用基于计算机双目立体视觉的三维测量为数据采集方案。在双目立体视觉测量中,为了从图像中提取空间物体的三维几何坐标,必须建立空间物体表面某点的三维位置信息与该点所对应像素点坐标之间的相互关系,而这种对应关系是由成像系统的几何模型决定的。这些几何模型参数就是摄像机参数,确定这些参数过程称作摄像机标定[7]。显然,摄像机标定的精度将直接影响着视觉测量的精度,因此摄像机标定是双目立体视觉测量的核心技术之一。

(2)点云平滑及精简

目前主流平滑手段是首先对点云噪声进行分类,然后根据不同类型的噪声进行不同处理,其中对于大尺度噪声主要采用密度分析或聚类方法,但基于聚类处理方法对于成片、高密度的噪声簇计算速度慢,而密度分析法无法滤除高密度噪声簇[8]。

另外,常规特征保持的点云精简方法是首先需要对模型的特征区域进行分类,即将模型分为特征丰富区或非特征区,然后根据不同区域采用不同精简方法,以实现精简模型的同时,避免模型的特征丢失。但是这存在一个矛盾,即模型特征区域的鉴定是由点云微分信息大小决定的,而由于点云的非均匀性,对于高密度的点云模型,可能无法准确计算出各点的微分信息,进而导致特征区域划分的失败,最终导致精简效果不佳。特别是当模型中含有噪声时,其计算结果的正确性更低,且高密度点云数据的微分计算将带来计算成本大、算法耗时长等问题。为此,如何快速、有效地平滑、精简点云数据,且能够最大化保留模型特征,是预处理阶段需解决的核心问题。

(3)模型特征提取技术

文物碎片拼合的关键是通过几何特征找到碎片之间的匹配邻接关系,因此特征提取技术是虚拟文物修复的核心技术[9]。现在常规的特征检测方法是首先计算模型中全部点的曲率、法向量夹角或曲面变化度等微分信息，然后设定一个阈值，超过阈值的标定为特征点。通常一个模型中的特征点只占少部分，绝大部分点为非特征点，这种计算方式将会浪费大量的运算时间。且基于点云的微分信息检测方式会导致一定的误判现象，其中基于法矢夹角的检测方式，在模型中的点分布不均匀时，可能会存在部分非特征点之间的法矢夹角过大，从而造成特征点的误判。基于点的曲率或曲面变化度的检测方式，其特征识别能力较低，主要是因为模型中各点云的曲面变化度数值变化范围小，且曲率、曲面变化度和法向量的计算值大小与邻域 K 的取值有关，易受噪声点的干扰，将大大降低识别准确性。部分学者提出了基于多尺度曲率、曲面变化度的检测方式，该方法虽能提高特征点识别的准确率，但其计算成本将大大增加，对于海量点云的处理速度非常慢，因此，设计一种快速有效的点云特征提取技术是非常有必要的。

(4)三维碎片拼合

三维碎片拼合是本书的核心问题，通常可将文物碎片分为两大类。第一类为薄壁碎片，其轮廓曲线足以表达该碎片形状特征，比如陶瓷碎片，由于其断裂面的面积小，可匹配的特征信息少，因此，针对薄壁水平的拼合通常做法是提取断裂面的轮廓曲线，然后根据匹配的轮廓曲线信息筛选邻接碎片。第二类是厚壁碎片，比如陶土雕像等碎块，由于其断裂面的面积较大，断裂面的信息丰富，又因其质地、体重等因素，厚壁碎块的边缘轮廓曲线更易遭到破坏，因此该类碎块拼合时主要考虑面与面之间的匹配关系。

现基于几何特征匹配的碎片自动拼接算法，多要求匹配段、匹配面之间的特征要严格互补，即完全匹配。但由于文物破碎的随机性，碎裂的同时各个碎片之间常常会出现部分特征缺失的情况或部分块缺失的情况，特别当文物的质地非常脆，破碎时其部分断裂部位常出现缺损，导致相邻碎片间的轮廓线或断裂面往往无法做到完全吻合[10-11]。因此，如何有效地解决部位缺损碎片(块)的拼合是核心问题。

1.3 国内外研究现状

对于碎片的拼接，首先需要对碎片进行三维数字化。数字化过程不能对碎片造成损伤或腐蚀,且被测物的外形尺寸、纹理和表面色彩等信息必须全部记录或提取。传统模具构建方法是通过在被测物体上涂布蜡或其他材料来获取其表面信息,但这种方法无法提取出被测物的纹理或表面色彩信息,且很难获取到模型的微细、复杂特征,残留的涂布材料会对文物表面产生腐蚀。随着计算机视觉及数字多媒体技术的发展,三维扫描[12]、3D 打印技术[13]以及互联网技术的出现给文物的三维数据获取和可视化展示提供了新的可行途径和方法。

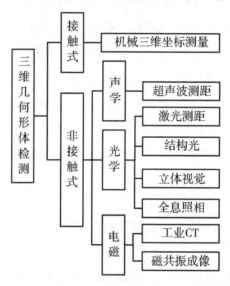

图 1.3　三维测量方法

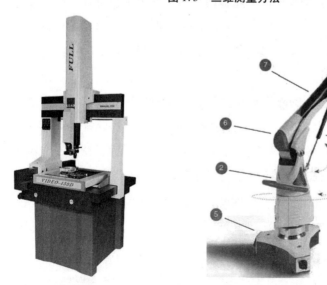

图 1.4　三坐标测量机

三维测量技术根据不同的测量方法可分为接触式测量和非接触式测量,其中接触式测量技术起始于 20 世纪 50 年代末出现的三坐标测量机。早期的三坐标测量机使用的是机械式测头,精度低,实用性不高。1972 年,Renishaw 公司研制触发式的三坐标测量机,其优点是成本低,测量精度高,但测量速度非常慢。到 20 世纪 90 年代之后,商品化的三维扫描设备陆续出现,这些设备不仅可以直接扫描实体,而且能够获得其数字化的立体彩色模型。但由于采用了接触式测量方式,测头需要对被测物体表面施加一定压力,这样会对测量头和被测表面同时产生损伤,受机械运动的制约,扫描效率低下,不能实现全自动扫描。当被测物体表面复杂多变时,测量效果不佳,且往往无法获取到完整的三维表面数据信息[14]。此外,因文物碎片经历了常年的风、水等外部因素的侵蚀,其质地相对较为脆弱,如果使用接触式测量方式,测量过程有可能对薄壁文物表面造成损伤。另外,虽然理想探测头是一个表面积为零的点,但是实际中探测头的表面积不可能为零,因此接触式测量也无法测量物体表面的细微特征。

图 1.5 三坐标测量机测头

1.3.1 三维视觉测量及相机标定

非接触式三维测量是融合光学、电磁学、声学等学科的交叉技术。该技术以计算机图像处理技术为辅助手段,无须直接接触物体表面,直接通过图像信息反推出物体表面三维信息的测量方案[15-16],一般可统称为三维视觉测量。目前广泛应用的非接触式三维测量方案有计算机断层扫描[17]、激光测距和激光线结构光[18-19]、光栅投影法[20]以及计算机双目视觉等[21]。

(1)计算机断层扫描

计算机断层扫描(computed tomography,CT)技术最具代表性的应用是基于X射线的CT扫描机,是目前最全面的非接触式的测量方法。它能对物体的内部形状、壁厚及内部结构进行测量,但存在空间分辨率低、获得数据需较长的时间、重建图像计算量大、造价高等缺点。

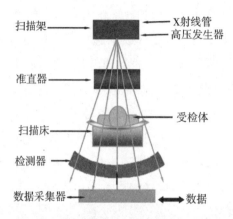

图1.6　计算机断层扫描装置结构原理

(2)结构光视觉测量

结构光视觉测量方法最早出现于20世纪70年代,又被称为实景复制技术。该方法通过激光三维扫描技术可以快速、精确地采集到实体表面的点信息,然后经去噪、重构等数据处理后,完成扫描实物的虚拟影像。相比其他视觉测量方案,基于结构光的视觉测量方案具有大量程、高精度、广视角、实时性强等特点,近年来在三维测量领域得到了广泛的应用。

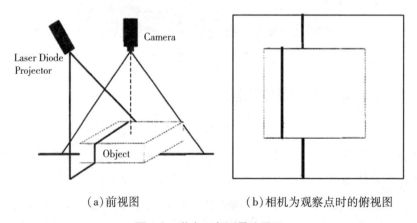

(a)前视图　　　　　　　(b)相机为观察点时的俯视图

图1.7　激光三角测量法原理

该方法的基本原理是基于光学的三角法,如图 1.7 所示,光学投影器(激光器或投影仪)将一定模式的结构光投射到物体表面,在物体表面形成被物体形状所调制的光条三维图像。该图像被 CCD 相机拍摄,从而获得一系列亮暗条的二维畸形图像,而光条的畸变程度与激光器、摄像机的相对位置及物体表面高度有关。当激光器与相机相对位置一定时,只需通过数值图像处理技术就可提取出畸变的二维光条图像坐标,然后通过一定的坐标转换关系,则可重现物体表面的三维外貌信息。

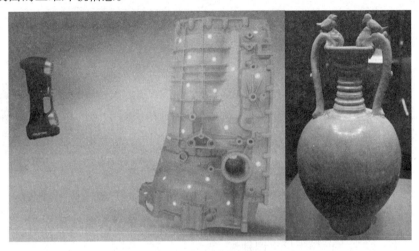

图 1.8　激光三维扫描仪

利用结构光进行物体表面三维数据的测量过程中,提取结构光在被测物表面形成的亮点像素坐标是这个技术的关键,提取的精度直接影响到测量结果的精度。同时被测物表面对光的反射特性也直接决定了结构光亮点的清晰度,对于反射特性好的表面图像效果会比较好,反之则较差。通常对于反射效果不好的被测物表面,可以通过喷涂适当的反射涂料来提高结构光的反射效果。由于结构光照射范围的局限性,如果要完成对整个被测物体表面的三维测量,还需要在系统中加入机械位移机构,带动整个结构光传感器完成扫描测量。

(3)立体视觉三维测量技术

双目立体视觉是根据仿生学原理,构造类似人眼双目视觉功能,从两个不同的角度同步摄取被测物,根据物体表面同一点在左右图像中成像的位置差异,推算出该物点的空间三维坐标[21]。

双目立体视觉测量方法具有系统结构简单、成本低、效率高、精度合适等优点,非常适合制造现场的在线、非接触产品检测和质量控制。而空间物体表面某点的三维几何坐标与其所对应像素位置之间存在某种映射关系。该映射关系是由摄像机成像系统的几何模型决定的,而成像模型的参数就是摄像机参数。在大多数情况下,这些参数必须通过实验与计算来确定,而确定这些参数的过程被称为摄像机标定[22],显然摄像机标定的精度将直接影响整个计算机视觉系统的精度。因此,只有把摄像机标定工作做好,后续技术才能有效地实施,可以说,提高标定精度也是当前计算机视觉测量的关键技术之一。

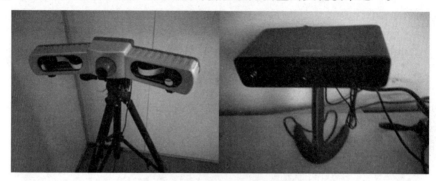

图 1.9　双目立体视觉成像设备

从广义上讲,现有的相机标定方法可以划分为两大类:传统的摄像机标定方法和摄像机自标定方法。另外,还可根据计算方法分为线性标定、非线性标定、两步标定和平面模板标定四种[23-24]。

一般来说,刻画三维空间坐标系与二维图像坐标系关系的方程是含有摄像机内部参数和外部参数的非线性方程。Abdel-Aziz[25]在忽略摄像机成像系统存在非线性畸变的基础上,提出了直接线性变换法。该方法主要利用线性求解方法求得转换矩阵,然后将转换矩阵分解为摄像机的内外参数。Yakimovsky等[26]提出了一种透视变换矩阵法,其本质上与 Abdel-Aziz 的直接线性变换法一致。Hartley[27]将摄像标定的参照物由点改为直线,提出了一种基于直线的标定方法。张艳珍等[28]通过设定中间变量将非线性方程变换成线性方程,然后利用最小二乘法求解出中间参数,最后通过中间变量,求得原变量的值。该方法的本质还是线性标定方法。线性标定方法标定速度快,无须非线性优化计算就能确定相机的内、外参数。由于忽略了成像过程的畸变,其标定精度不高,在高精度应用场合应用有限。Faig[29]和 Sobel[30]等充分考虑到成像过程中的成像镜头存在各种畸变因素,提出一种非线性标定方法。该方法首先建立一个多参数的成像模型,然后寻找一些约束条件,对非线性方程进行优化求解,对于每一幅图像,至少引入 17 个参数来描述其与三维空间的约束关系,计算量很大,耗时长。针对非线性优化求解方法,有学者提出了最速下降法[31]、遗传算法[32]、高斯 – 牛顿法[33]及 LM(Levenberg-Marquardt)法[34]等。非线性求解方法的最大优点是标定的精度高,但计算成本高、耗时长,且最终标定结果受迭代初始值的影响,稳定性相对较差。Tsai[35]综合线性标定和非线性标定的优点,提出了Tsai 两步标定法。该标定方法使用线性标定法求得相机的大部分参数,然后以该参数作为初始值,再迭代计算外部参数和畸变参数,该算法计算量不大且精度适中,实施简单灵活。但 Tsai 标定法仅考虑一阶径向畸变,成像系统的主点坐标需要预先设定,对于广视角、高精度的标定场合应用有限。随后大量学者针对 Tsai 标定法的改进进行相应研究,徐杰[36]、叶峰[37]等针对 Tsai 两步法只考虑径向畸变的缺陷,建立新的综合畸变模型,运用迭代法逐步逼近精确值,取得了较好效果。Zhang 等[38-39]提出了平面模板法,该标定方法在无须知道参照物尺寸的情况下,仅需使用平面模板上的特征点之间的对应关系,通过将平面标定模板按任意角度旋转两次以上,即可完成标定工作。其标定方法简单,标定模板制作容易,成本低,并且标定精度也较高,目前已经作为工具箱或封装好的函数被广泛应用于各种标定场合。在某些场合,摄像机的焦距要经常调节,摄像机的位置也会根据周围的环境而移动,需要在每次调节后重新对摄像机内外参数进行标定,因此在诸多应用场合造成不便。为此,Faugeras[40]、May-bank[41]等提出摄像机自标定的方法,该标定方法仅依赖拍摄的一系列场景图片,然后根据场景中各特征之间的对应关系进行标定。该技术对计算机图像识别及特征匹配技术要求很高。由于自标定所用的标定物具有一定的随意性,且标定物本身的形状、位置及其相互关系都存在精度方面的问题,因此自标定方法的标定精度常常低于传统标定。

1.3.2 三维数据预处理

不管是接触式还是非接触式设备,最终所得的原始数据都过于庞大,即其中包含大量冗余数据点,过密的数据不仅会制约计算机处理的速度,还会影响曲面的光顺性[42-45],因此,在保留模型特征的前提下,对点云进行精简是非常有必要的。与此同时,扫描过程中必然受到物体特性、扫描环境、光照、人为扰动等因素的影响,导致测量数据不可避免地带有噪声,过多的无效点(噪声)会严重干扰后续特征点的提取工作[46-48]，导致后续文物模型重建及碎片拼合失败，所以点云碎片模型在拼合之前需对数据进行合理的平滑和精简。

近年来，国内外诸多学者针对三维点云数据去噪问题进行了大量研究。Taubin[49]将 Laplace 图像滤波算法推广到点云模型，但该算法会导致模型缩小和细微特征丢失；Jones[50]提出了双边滤波算法，可保证在滤除噪声的同时能够较好地保持模型的特征，但是当模型中存在大尺度噪声，由于双边滤波因子和特征保持因子对于不同的特征区域无法自适应调整，易出现过度光顺情况。Fleishman 等[51]采用统计的方法识别离群点，将移动最小二乘法应用于点云光顺。苏志勖等[52]提出基于 L1 中值滤波点云平滑方法，通过投影算子预测邻域内每一点的预测值，将预测值的中值作为平滑后的值，本质上是利用局部点的信息进行加权处理，无法滤除成片噪声簇。Gu 等[53]利用点云曲率将点云进行分类，后根据不同类点分别采用中值滤波算法和双边滤波算法。这两种算法简单易行，但噪声会影响点云曲率计算值的准确性，无法处理高密度点云噪声。Wibowo 等[54]将改进的各向异性扩散方法应用到人脸点云的光顺，取得了较好的效果，其处理的噪声类型为小尺度噪声。王丽辉等[55]将点云噪声分类处理，提出了基于模糊 C 均值聚类算法与双边滤波相结合的点云光顺方法，利用聚类算法滤除大尺度噪声、双边滤波滤除小尺度噪声，取得了较好的效果。李晋江等[56]将该方法和蚁群聚类算法相结合，通过对点云的曲率和法矢进行相似度测量，以区分可能的特征点和噪声点，采用类内的方差自适应地选择阈值用于平滑点云。郭进等[57]提出了基于 k-means 与双边滤波相结合的点云滤波算法。许龙等[58]将模糊 C 均值和均值滤波相结合，其核心思想是对不同尺度噪声进行分类处理，其中大尺度噪声的滤除采用聚类方法，小尺度噪声的滤除采用双边滤波或均值滤波，但当点云模型中存在成片噪声簇或高密度噪声簇距真实数据很近时，聚类的方法会出现无法完全滤除或过度滤除的现象且耗时较长[59]。

另外，针对点云精简的研究，Martin 等[60]提出了均匀网格法。该方法首先将点云均匀分配至各网格中，以各网格中的中值点代替该网格内所有点，该算法在精简的同时会模糊模型的特征。为了保持模型特征，Lee 等[61]在均匀网格法的基础上，提出一种非均匀网格精简法。该方法首先根据均匀网格内点云法矢夹角偏差对网格进一步细分，以保证每个网格中的点云法矢夹角偏差在一定阈值之内。这样将点云数据分为特征区域和非特征区域，在特征区域保留更多点,非特征区域保留少数点。Chen 等[62]提出一种基于三角网格的点云精简算法,通过点云数据进行三角化处理,利用向量加权算法对冗余的三角网络进行判定并删除。Pauly 等[63]构建了曲面变化度函数,并在此基础上提出了顶点聚类法和迭代精简法,其中顶点聚类法运算速度快,但平均误差大;迭代精简法产生误差小,但采样率不好控制。Weir 等[64]提出立体包围盒法,首先利用一个立体包围盒包裹着点云模型,然后对包围盒不断均匀细分,取每个包围盒的中心点代替该包围盒的所有数据。该算法原理简单,易于实现,对均匀分布点云数据的精简效果良好,但包围盒的尺寸大小人为设定。中心点是根据计算所得而非原始点云数据,且没有区分特征区域和非特征区域,易造成细节特征的丢失[65]。周煜等[66]综合八叉树空间分割方法和平均曲率法应用于点云精简,首先将点云模型压入空间六面体包围盒内,设定平均曲率阈值,根据包围盒内点云数据平均曲率大小判定是否进一步细分。当平均曲率大于阈值,细分包围盒,反之,保留立方体内曲率值最接近平均曲率的点,其他数据点删除。张雨禾等[67]提出一种基于泊松分布的点云简化算法,该方法以单位距离上法矢夹角变化量作为曲面弯曲程度检测算子,根据曲面弯曲程度选择不同的简化策略删除冗余点。刘迎等[68]通过计算所有点云的微分信息,据此将点云数据区分为平面数据和非平面数据,对平面数据进行边界提取,对非平面数据根据曲面弯曲度不同进行不同程度的精简。文献[69]提出了一种特征保持的点云精简算法,根据点云的微分信息进行 K 均值聚类,对点云空间进行全局聚类,对各个类划分为平坦区域和非平坦区域,针对非平坦区域再细分多个子类,后以聚类中心点代替类数据点。

1.3.3 三维模型特征提取

文物碎片的重组简单来讲是找到各个碎片之间的邻接关系,而碎片之间的邻接关系主要根据其特征相似性来判定。为此,文物虚拟复原核心环节所涉及的关键问题为点云特征提取,特征提取的优劣直接决定了后续碎片(块)拼接中形状表达与匹配的准确性[70-71]。

模型特征提取的关键问题是构造特征检测算子,国内外已有诸多学者针对此问题展开了相应的研究。Gumhold 等[72]利用局部点云构造协方差矩阵,以协方差矩阵的特征值建立曲面变化度函数,用于衡量某点为特征点的可能性。因协方差矩阵的构造与局部邻域大小有关,易受异常点干扰,且曲面变化度的函数值存在正负之分,数值变化范围小,不利于细微特征点的甄别。聂建辉等[73]和 Nie 等[74]针对局部曲面变化度函数值存在正负之分而不利于凹凸特征识别的缺陷,提出一种基于符号的曲面变化度特征提取算法,即通过对点云进行 Laplace 滤波,根据滤波后的收缩方向修正曲面变化度函数的正负值。Pauly 等[75]和 Guo 等[76]针对协方差矩阵的特征值受邻域大小影响的问题,提出了一种多尺度的特征提取方法,以邻域的大小作为离散尺度,计算每一点在不同尺度下的曲面变化度,以该点的曲面变化度是否在任意尺度下都为局部极限值来判定是否为特征点,该方法计算成本较大[77-78]。Ho 等[79]构建一种新的特征点检测算子——拟合尺度,即以每点的最大、最小曲率的算术平方根作为拟合尺度,通过该点在不同尺度下的拟合曲度是否为局部极值来筛选特征点,所设定的分辨尺度越大,特征点提取的正确性就越高,因该算法需对每点多次拟合,对于海量的点云数据处理较慢[80]。吾守尔·斯拉木等[81]提出一种基于平均曲率运动的特征提取算法,该算法通过采样点与其加权邻域重心点之间的距离来标识特征点。庞旭芳等[82]采用多步逼近方法,通过局部曲面拟合得到每点主曲率,以绝对值较大主曲率标识特征点。该算法需进行多次曲面拟合,计算成本较大。刘迎等[68]以局部平均距离和曲率作为特征点检测参数,某点的局部平均距离越小,曲率越大,则认为该点为特征点。该算法计算简单,但在非均匀的点云模型中适应性差。王丽辉等[83]将点云曲率、法向量夹角及点云密度相结合,提出了一种基于曲率和密度的特征点检测算法,以法向量、曲率及密度组成几何特征参数,再由数据点密度和模型到中心点的最大距离确定阈值,对比特征参数和阈值以筛选特征点。黄源等[84]根据点云在不同半径内的法向量变化度来确定特征点,取得了较好的效果。Zhang 等[85]为了减少远距离点对法向量夹角特征识别的贡献值,提出以单位距离上的法向夹角变化作为局部特征检测算子,取得了较好的效果。

1.3.4 碎片拼合修复

碎片拼合是文物虚拟修复的关键技术之一,其核心思想是通过匹配碎片间的某些特征信息来判别其是否具有邻接关系,然后通过邻接碎片间的拼合实现文物的复原[86-88]。为此,根据选取的特征不同,当前碎片拼接算法可大致分为基于几何特征匹配的碎片拼合法和基于非几何特征的拼合法。此外,根据碎片拼合过程是否有人为干预,又可分为自动拼合方法和非自动拼合方法[89]。

另外,通常空间碎片分为两类:一类为薄壁碎片,其特点是断裂面的面积较小,可匹配的特征信息少,拼合工作主要依据碎片间轮廓曲线的匹配性;另一类为厚壁碎片,其特点是断裂面内具有丰富的特征信息且断裂面的面积较大,为此该类碎片拼合过程中主要考虑面与面之间的匹配关系。

针对薄壁碎片的拼合问题,主要是研究三维曲线之间的匹配性问题。Wolfson 等[90]提出一种基于哈希算法的空间曲线匹配算法,首先通过对空间曲线重采样,计算采样点的曲率信息并对其进行字符编码,然后采用哈希算法对编码后的曲率进行匹配,以寻找到最佳匹配曲线,但采样频率不好确定,且匹配准确性与采样频率有关。此外,Leitao 等[91]通过筛选曲线顶点,计算顶点的曲率并编码,随后采用动态规划算法对比编码信息,再寻找到最佳匹配曲线。该方法解决了曲线的匹配性与采样频率相关的问题,但由于薄壁碎片轮廓线的顶点最易丢失,应用于缺损碎片的拼合效果有限。Ucoluk 等[92]将空间曲线匹配转换成特征参数串的匹配问题,即首先通过差分的方式计算轮廓曲线顶点的曲率和挠率,并以曲率和挠率组成特征参数向量,然后通过特征串匹配的方法搜索匹配对。该算法要求曲线上的点均匀分布,而实际提取出的碎片轮廓曲线由离散、随机、非均匀分布的点组成。Oxholm 等[93]在曲率、挠率的基础上引入了颜色信息,即综合顶点的曲率、挠率、颜色等信息组成特征向量,然后采用最长公共子序列方法(longest common subsequence,LCS)寻找最佳匹配特征向量。该方法能够较好地解决含有颜色匹配的碎片之间的拼合,但 LCS 算法要求对比的两个序列数据的空间密度要一致,且大量文物碎片由于受风、雨等外部因素的侵蚀,已经丧失了颜色特征。Kong 等[94]引入曲线亲密度计算,通过曲线亲密度衡量曲线的匹配关系。Cohen 等[95]以曲线顶点的矩不变量为特征描述符,据此寻找特征匹配的对应关系,最后以距离误差评价曲线对齐精度。Yu 等[96]提出一种基于 Heat-Kernel 的模板匹配算法,并通过随机抽样一致性算法实现碎片的拼合。

国内也有很多学者通过曲线匹配的方式进行碎片拼接。张雨禾等[6]提出了一种基于形状骨架图匹配的文物碎片重组方法。该方法将碎片匹配的问题转换为如何匹配碎片表面的纹理信息,且将碎片表面的纹理信息与轮廓信息有机结合,采用搜索方法搜索匹配碎片。该方法能够很好地解决含有规则纹理的碎片间的匹配问题[97]。朱延娟等[98]以曲线上点的曲率和挠率构造特征序列,根据特征序列间的对应关系判别碎片间的邻接关系。高剑等[99]提出基于动态时间规整的三维薄壁碎片拼接方法。此外,针对部分缺损碎片的拼合,部分学者提出一种半自动碎片拼接方法[9][11][100]。首先需要领域专家给出匹配的特征点对,然后对该特征点对进行局部生长产生新的特征点对,最后根据特征点对之间的角度、点距等信息之间的匹配关系,最终确定轮廓线间的邻接关系。但半自动拼接方法的性能严重依赖于领域专家给出的特征点对。

针对非薄壁类碎片的匹配,主要分析断裂表面之间的几何特征相似性,根据这些特征查找到最佳的匹配关系,然后实现拼接,其本质是设计一种基于空间曲面匹配的拼合方案。Huang 等[101]设计了一套完整的文物碎片复原流程:首先采用积分不变量的值来表征断裂面的特征分布情况,实现对断裂面的分割、提取,然后采用向前搜索技术查找匹配断裂面,进而实现碎片配准对齐及融合,达到碎片重组的目的。Barequet 等[102]综合平均曲率和法向量构建特征向量以分析各顶点之间的相似性,得到顶点匹配对列表,然后通过几何哈希法对匹配对进行投票,进一步得到最优匹配变换。Gelfand 等[103]将几何特征最为突出的顶点作为特征点,根据各个特征点之间的几何匹配关系,找到候选曲面,进一步根据候选匹配曲面上各点之间的距离和大小筛选出最优匹配曲面,以确定最佳匹配方式。Chen 等[104]根据曲率信息提出曲面特征点,并构建特征点的邻域曲面直方图,采用几何散列算法对碎片进行匹配拼接。Papaioannou 等[105]通过断裂面轮廓曲线和中心法向来分析曲面之间的相似性,采用基于串的拼接算法完成碎片的拼合。该方法对于具有完全凹凸互补关系的简单大块碎片具有良好的拼接效果。Itskovich 等[106]借用概率统计的思想寻找最佳匹配断裂面,首先根据曲率信息通过聚类方法将曲面相似的区域划分为一小块,然后对这些小块曲面进行统计,以分块曲面的概率分布作为曲面匹配的判定准则。Winkel-bach 等[107]综合断裂面上所有顶点的坐标和法矢构建特征匹配向量,采用层次聚类方法解决碎片匹配问题。该方法的缺点是计算量较大,匹配数据量也同样巨大,且单通过顶点坐标及其法向量很难反映出曲面的几何特征,抗噪性一般[108]。Vendrell-Vidal 等[109]采用采样方法进行断裂面匹配。该方法首先对断裂面进行离散采样,再设定代价函数来评定两曲面之间的匹配度,根据匹配度值衡量曲面的匹配关系。国内研究者李群辉[110]以积分不变量作为特征表征量,通过双层几何哈希方法实现两个断裂面的匹配。王坚等提出一种基于最大权团的曲面粗匹配算法,该方法将曲面匹配问题转化为图论中的最大权团搜索问题,并采用自旋图确定匹配曲面的关系。

1.4　研究内容与主要创新点

1.4.1　研究内容

综上所述,碎片的虚拟拼合修复主要涉及三维数据获取、点云预处理(数据去噪、精简)、点云数据特征提取、碎片拼合等方面,为此本书主要围绕以下方面展开研究。

(1)完善摄像机的标定理论,提高标定精度以满足高精密三维测量的需求。

高精度的三维测量数据是碎片修复的基础,而空间物体表面某点的三维几何坐标与其在图像中对应像素点的位置之间存在某种映射关系。该映射关系是由摄像机成像的几何模型决定的。这些几何模型参数就是摄像机参数,确定这些参数的过程被称为摄像机标定,因此相机参数的准确性直接影响测量的精度。目前,在三维扫描等工业测量领域中,Tsai 标定法和张氏标定法应用最为广泛,但 Tsai 方法在大视角、高精度场合应用有限,而张氏标定法的非线性求解过程可能存在陷入局部最优解的情况[111-113]。

(2)快速地精简点云数据,且保留模型的细微特征。

三维扫描可很轻松地获取到海量的点云数据,但其中包含大量冗余数据点,过密的数据不仅会制约计算机处理的速度,还会影响曲面的光顺性及特征点提取的准确性。因此,在保留模型细微特征的前提下,对点云进行精简是非常有必要的。现主流精简方法是通过点云微分信息将点云数据划分为特征区和非特征区或平面区和非平面区,根据不同区域采用不同精简策略,以实现在精简的同时较好地保留模型细节特征[114]。但对于高密度的点云无法准确计算其微分信息,且点云微分信息值与 K 邻域的 K 值有关,不同的 K 值能得到不同特征值,继而无法准确识别特征区域,导致精简效果不佳[115];且当模型中含有噪声时,其计算结果的正确性更低,高密度的点云数据导致算法耗时长、计算的成本大。

(3)快速、准确提取点云模型的特征信息。

现常规的特征检测方式是利用所有点云的曲率、法向量夹角等信息[116]，而模型中大部分的点属于非特征点，这种检测方式将会浪费大量的计算时间。且基于点云的微分信息检测方式在一定情况下会出现误判现象，其中基于法向量夹角的检测方式，因点云的非均匀性，会有部分远距离非特征点之间的法向夹角过大，而导致特征点的误判现象[67][84]；基于曲率或曲面变化度的检测方式，由于模型中各点云的曲面变化度数值变化范围小，导致算法的细微特征识别能力低，较大程度上降低特征点识别的准确性[63]；基于多尺度曲率、曲面变化度的检测方式虽能提高特征点识别的准确率，但对于海量的点云数据处理速度非常慢[117]，因此，有效、快速地提取特征点是本书着力研究的一个重要内容。

（4）部分特征缺损文物碎片的自动化拼合

现国内外研究要求碎片之间匹配段的特征是严格匹配的[118]，即无缺失，而实际文物碎片常常会出现部分特征缺失或部分块缺失的情况。针对部分缺损碎片的拼合，部分国内学者提出一种半自动重组方法，它融合碎片表面几何纹理[119]、颜色[120]等多组信息组成特征描述符。但该方法严重依赖于人工预选特征点对，只能解决部分缺损碎片的拼合，缺乏一定的普适性。虽碎片间的部分特征是缺损的，但局部区域的特征还是相似的，且子区域的空间分布也是一致的。因此，本书致力于通过子区域的特征形状、空间分布，筛选出互补区域对，从而解决部分特征缺损碎片间的拼合问题。

1.4.2　主要创新点

根据研究内容，本书的主要创新点如下：

（1）摄像机标定

针对现有标定方法存在的问题，本书在 Tsai 标定法和张氏标定法的基础上提出一种新的两步标定方法。该方法以标定图中心区域的像点为坐标、以平面的单应性约束为条件求解出摄像机的内外初始参数，这样可降低畸变因素对初始参数结果的影响，减少非线性优化陷入局部最优的可能性；随后综合考虑径向畸变、切向畸变和薄棱镜畸变等因数对像点进行校正，假设畸变校正后像点满足透视投影原理，并以此为基础求解出各种畸变系数，进一步在透镜畸变模型中反求出摄像内外参数；最后通过迭代计算的方式逐步逼近精确值。

（2）点云精简

　　针对目前常用点云精简算法的缺点,本书提出一种基于动态栅格划分的点云快速精简算法。其特点是无须计算所有点云的微分信息,就可区分特征区域与非特征区域,再根据不同区域采用不同的精简策略,能够在精简的同时较好地保留模型的细节特征。具体算法如下:首先对点云模型进行初步空间栅格划分,然后根据栅格内点云数据平整度的情况判断是否进一步细分。在模型的特征丰富区域,由于特征凹凸顶点的存在使得该区域点云数据起伏较大,平整度相对较差。为此,经动态划分的结果是:在特征丰富区域划分的栅格间距较小,而在平坦区域划分的栅格间距较大,因此只需提取特征区域内点云特点并保留,对非特征区域根据栅格尺寸大小进行不同程度的精简。

　　(3)点云特征提取

　　为提高点云特征提取的准确性,本书提出了一种基于点空间几何结构的特征提取方法。其特点是在无须计算所有点的微分信息情况下,就能初步区分模型的特征区域与非特征区域,再只需在特征区域进行特征点提取,避免盲目、大量的计算。首先通过空间栅格动态划分方法初步定位特征区域,然后设计一种新的特征点检测算子——直线截距比特征检测算子,在分析相邻点的几何关系的基础上,提出了直线截距和直线截距比定义,根据两点之间的直线截距比值和其法向量之间夹角的关系,构建了特征点提取条件函数。最后使用 Laplace 算子对提取出的特征点进行细化,通过折线生长法生成特征折线。针对因点云的非均匀性可能会引起特征点误判的问题,引入关于点距的高斯函数修正特征点提取条件函数;针对因生长点随机选取导致折线延伸方向与实际特征线偏差较大的问题,采用加权统计的方法生成折线图,避免曲线延伸只由单一生长点决定,以保证折线延伸方向不会与特征曲线存在较大偏差。

　　(4)薄壁碎片自动化的拼合

　　针对部分边缘缺损的薄壁碎片拼接问题,提出了一种基于导数动态时间规整的曲线段匹配方法。首先,在研究空间曲线的曲率和挠率的理论基础上,给出一种空间曲线离散曲率、离散挠率的计算方法,并构建了三维曲线的特征描述符;其次,为解决部分边缘缺损的曲线匹配问题,通过角点对轮廓曲线分段处理,将曲线的匹配问题转化成寻找空间分布一致性的匹配曲线段问题;最后,综合曲率、挠率及其导数信息组成曲线段特征描述符,采用导数动态时间规整算法筛选候选匹配曲线段,通过空间三角相似性和法向约束条件,剔除伪匹配段,从而筛选出最佳匹配曲线。

(5)部分区域缺损的厚壁碎片拼合

针对部分区域缺损的厚壁碎片拼合,提出一种基于互补区域对的 ICP 点云碎块拼合方法,将断裂面的匹配问题转化成互补区域对的空间分布相似性的判断。该方法根据体积积分不变量将断裂面分割出若干个子区域(凹、凸、平坦区域),并构建了子区域的形状特征描述符,据此在断裂面之间寻找相似区域以组成互补区域对。虽断裂面部分区域的特征缺损,但其余无损子区域应是严格互补的,并且各无损子区域间的空间分布是相似的,为此根据互补区域对之间的空间分布的相似性可寻找到邻接断裂面。该方法建立了互补区域对的距离约束条件、主方向约束条件和空间分布一致性条件,以剔除伪互补区域对,并筛选出最佳匹配的断裂面;同时通过四元数算法实现碎块初始拼合,进一步以改进的 ICP 算法实现两碎块间的精确拼合。

1.5　章节组织结构

根据上述研究内容及主要创新点,全书共分为 7 章,章节组织结构如下图所示。

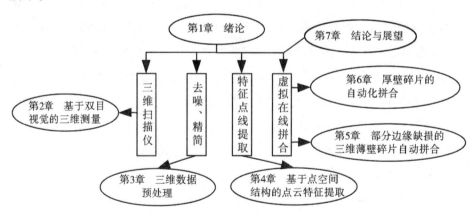

图 1.10　本书章节结构图

第 1 章:绪论。阐述文物碎片修复的产生原因和研究价值,分析了文物虚拟修复的基本流程及各流程中所涉及的核心问题。针对各个核心问题调研了国内外研究现状,综合分析国内外相关研究中存在的主要问题,提出了本书研究的内容,最后介绍了本书的创新点及章节结构安排。

第 2 章主要研究双目立体视觉测量的原理,主要涉及测量系统结构及相机的标定技术,着力于验证广视场、高精度立体视觉测量场合下的相机标定方法。通过实验及结果分析,对该算法的可行性、精度、鲁棒性进行了分析与评价,并与经典算法进行对比分析,验证了该算法的优越性。

第3章主要研究三维点云数据预处理技术,主要涉及点云数据的平滑和精简,着力于解决在特征保持的前提下实现点云数据高效的平滑和精简。最后通过实验对算法有效性进行验证,对算法的参数进行了分析验证,并与较为经典的算法进行对比分析,验证算法的性能。

第4章主要研究点云特征提取技术,主要分析了当前常规点云特征提取技术中存在的缺陷,据此提出一种新的特征提取算子;分析了该算子与法向量夹角的关系,解决了非均匀性对特征点提取的干扰问题。最后通过实验验证算法的有效性,以对比性实验分析了算法的性能。

第5章主要研究薄壁碎片的自由拼合技术。本章给出了离散曲率和挠率的计算方法,以此作为特征形状描述符,设计了导数动态时间规整方法以寻找候选匹配线段,并记录各候选匹配段之间的起始点和终止点位置。根据候选匹配段之间的空间分布一致性,剔除误匹配,进一步筛选出最优匹配线段,再采用最小二乘法估计旋转和变换矩阵,然后采用迭代最近点方法(ICP)完成碎片的拼合。最后通过实验验证算法的有效性,并分析算法的性能。

第6章主要研究厚壁碎片的自动化拼合。该问题主要涉及空间曲面匹配问题,着力于解决部分区域特征缺损的空间曲面匹配问题,将曲面的匹配问题转换成互补区域对的空间分布一致性的判断问题,构建了空间区域特征描述符,给出了伪互补区域对的剔除方法,最后通过实验验证算法的有效性。

第7章对全书进行总结,并展望后续研究方向。

第2章　基于双目视觉的三维测量

2.1　引言

精确的三维点云数据是碎片拼合的基础,为此在碎片虚拟拼接之前,必须对其三维进行数字化。由于文物碎片质地脆、易碎,因此要求数字化过程中不能对其造成任何损伤和腐蚀。考虑后期研究可能需要运用到碎片表面纹理、颜色、图案等信息,为此本章研究了基于双目立体视觉的三维测量。双目立体视觉是计算机机器视觉测量的重要内容之一,它的基本结构类似于人的眼睛,即通过两个成像设备从不同角度同时拍摄被测物体的两幅图像,然后根据两幅图像同一物点之间的坐标值,通过空间物点的几何位置信息与图像像素坐标之间的关系,推导出物体点的空间三维几何信息。

而空间物点的几何位置信息与图像像素坐标之间的关系是由摄像机成像的几何模型决定的[121]。因此,如需得到空间物点的几何位置信息,必须先确定成像几何模型的参数,即成像系统的内外参数,确定这一参数的过程称为相机标定。显然,相机标定是双目立体视觉测量中的关键技术,且标定参数的精度直接影响到三维数据的准确性[122]。

2.2　双目视觉测量原理

双目立体视觉是模拟人类使用双眼感知周围的机理,即通过成像感知设备实现对周围三维信息的理解和识别[123]。其基本原理是根据不同位置的摄像机获取同一物体的两幅图像,然后根据图像中对应坐标点的坐标偏差信息来推算出空间物体点的三维几何信息。

2.2.1　测量系统中的几种坐标系

在视觉测量系统中,往往要使用到多个坐标系,如图像坐标系、成像平面坐标系、摄像机坐标系、世界坐标系等。各个坐标系之间的关系是探究成像系统的关键。

图像坐标系(ouv)是以存储图片信息的矩阵为基础而建立的一个直角坐标系,取该矩阵的行数为坐标横轴u,列数为纵轴v,即任何一个像素点的图像坐标(u,v)表示的是该像素点在存储矩阵所处的行数和列数,但该坐标信息无法用具体物理单位(如,mm)表示出该点的位置。

成像平面坐标系(oxy)是在图像坐标系的基础上,用实际物理单位(如,mm)来表征像素点坐标,即设图像像素的中心点(u_o,v_o)为该坐标系的原点,建立一个以实际物理单位表示的图像平面坐标系。

为了更好地描述摄像机成像的几何关系,引入了摄像机坐标系($o_c x_c y_c z_c$)。该坐标的原点为摄像机的光心,横坐标轴(X轴)与纵坐标轴(Y轴)和成像平面坐标轴的xy轴平行,Z轴为摄像机的光轴,并垂直于图像平面,则这三种坐标系之间的关系图如图 2.1 所示。

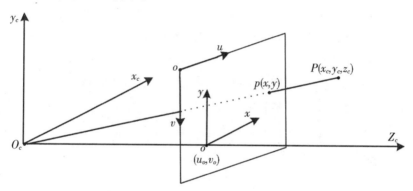

图 2.1　三种坐标系的关系图

世界坐标系($O_w X_w Y_w Z_z$)是选择一个基准坐标来描述摄像机安放在现实世界中的位置,并用它描述世界环境中任何物体的位置。

2.2.2　各坐标系之间的关系

(1)成像平面坐标系和摄像机坐标系之间的关系

假设成像系统和镜头都不存在畸变因素,且空间物体任意一点 P 在成像平面坐标系下的坐标为 $p(x,y)$,而在摄像机坐标系下的坐标为 (x_c,y_c,z_c),根据小孔成像原理,这两坐标位置的关系可表示为

$$\begin{cases} x = f * \dfrac{x_c}{z_c} \\[2mm] y = f * \dfrac{y_c}{z_c} \end{cases} \tag{2.1}$$

由于相机镜头设计的缺陷和加工安装的误差等原因,成像光学系统并不是精确按理想化的针孔成像原理工作。物体点在摄像机成像面上实际所成的像与理想成像之间存在一定的畸变误差,主要的畸变误差分为径向畸变、切向畸变和薄棱镜畸变等[124]。由于畸变误差的存在,空间物点在成像平面坐标系的位置信息与在摄像机坐标系的位置信息并不是严格满足式(2.1),一般实际应用中,需对该点的成像坐标进行校正。在此假设该点的实际成像坐标为(x_r, y_r),则畸变校正后成像坐标为

$$\begin{cases} x = x_r + x_r(k_1 r^2 + k_2 r^4) + 2p_1 x_r y_r + p_2(3x_r{}^2 + y_r{}^2) + s_1 r^2 \\ y = y_r + y_r(k_1 r^2 + k_2 r^4) + 2p_2 x_r y_r + p_1(x_r{}^2 + 3y_r{}^2) + s_2 r^2 \end{cases} \tag{2.2}$$

其中$r = \sqrt{x_r{}^2 + y_r{}^2}$,$k_1$、$k_2$为一、二阶的径向畸变系数,$p_1$、$p_2$为前二阶的切向畸变系数,$s_1$、$s_2$为薄棱镜畸变系数。

(2)成像平面坐标系与图像坐标系之间的转换

图像坐标系下的位置信息(u, v)仅表示该点像素在存储矩阵的行数和列数,而成像平面坐标系下的位置信息(x, y)表示的是该点的具体物理尺寸位置,这二者之间的转换关系可表示为

$$\begin{cases} u = N_x * x + u_o \\ v = N_y * y + v_o \end{cases} \tag{2.3}$$

其中(u_o, v_o)为图像坐标系的原点,即图像的主点,N_x、N_y表示每单位长度的像素数(pixel/mm),一般 CCD 传感器生产厂家会给出具体值[125]。另外,由于在 CCD 成像扫描过程中横向扫描频率会发生微小变化,为此引入另外一个内部参数s_x,则式(2.3)可表示为

$$\begin{cases} u = s_x * N_x * x + u_o \\ v = N_y * y + v_o \end{cases} \tag{2.4}$$

(3)摄像机坐标系与世界坐标系之间的关系

世界坐标系可描述世界环境中任何物体的位置,它与摄像机坐标系之间的关系可用旋转矩阵$\boldsymbol{R}$和平移向量$\boldsymbol{T}$来描述,即假设空间点P的摄像机坐标为(x_c, y_c, z_c),在世界坐标系下的坐标为(X_w, Y_w, Z_w),则有

$$\begin{bmatrix} x_c \\ y_c \\ z_c \end{bmatrix} = \boldsymbol{R} * \begin{bmatrix} X_w \\ Y_w \\ Z_w \end{bmatrix} + \boldsymbol{T} \tag{2.5}$$

$$R = [\, r1 \quad r2 \quad r3 \,] = \begin{bmatrix} r_{11} & r_{12} & r_{13} \\ r_{21} & r_{22} & r_{23} \\ r_{31} & r_{32} & r_{33} \end{bmatrix} \qquad (2.6)$$

其中 R 为 3×3 正交单位矩阵，$T = [\, T_x \quad T_y \quad T_z \,]^T$ 为平移向量。联合式（2.1）、式（2.4）、式（2.5），可推导出世界坐标系下该点 P 坐标与其图像坐标之间的映射关系

$$z_c \begin{bmatrix} u \\ v \\ 1 \end{bmatrix} = \begin{bmatrix} s_x N_x f & 0 & u_o & 0 \\ 0 & N_y f & v_o & 0 \\ 0 & 0 & 1 & 0 \end{bmatrix} \begin{bmatrix} R & T \\ 0 & 1 \end{bmatrix} \begin{bmatrix} X_w \\ Y_w \\ Z_w \\ 1 \end{bmatrix} = M \begin{bmatrix} X_w \\ Y_w \\ Z_w \\ 1 \end{bmatrix} \qquad (2.7)$$

式中 M 为 3×4 矩阵，称为透视投影矩阵；s_x、$N_x f$、$N_y f$、u_o、v_o 只与摄像机内部结构有关，则被称为摄像机内部参数；R、T 由摄像机相对世界坐标系的方位决定，因此称为摄像机外部参数。

2.2.3　测量系统的结构

现有双目测量系统根据 CCD 相机摆放姿态不同，可以大致分为两种结构：一种是正直摆放姿态，即两光轴相互平行[126]；另一种是交向摆放姿态，即两光轴不平行[127]。其中正直摆放姿态的结构原理图如图 2.2 所示。

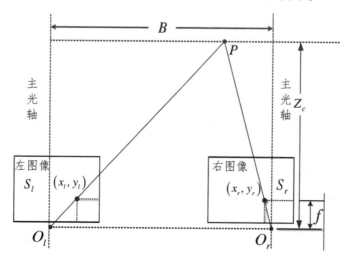

图 2.2　平视双目立体测量原理图

假设两个 CCD 摄像机的图像在同一平面上,其焦距都为 f,基线距离为 $\boldsymbol{B}$,且点 P 在摄像机坐标系和世界坐标系下的坐标分别为 (x_c, y_c, z_c)、(X_w, Y_w, Z_w),S_l、S_r 分别代表左右成像平面,则物点 P 对应点在 S_l、S_r 平面坐标系下的位置分别为 (x_l, y_l)、(x_r, y_r);由于两个成像平面在同一平面上,则物点 P 在成像平面坐标的 Y 坐标相同,即 $y_l = y_r$,根据式(2.1)可得到

$$\begin{cases} x_l = f * \dfrac{x_c}{z_c} \\ y_r = f * \dfrac{x_c}{z_c} \\ x_r = f * \dfrac{(x_c - B)}{z_c} \end{cases} \tag{2.8}$$

设定 $D = x_l - x_r$,则式(2.8)可计算出 P 在摄像机坐标系下的坐标 (x_c, y_c, z_c)。

$$\begin{cases} x_c = \dfrac{B}{D} \cdot x_l \\ y_c = \dfrac{B}{D} \cdot y_r \\ z_c = \dfrac{B}{D} \cdot f \end{cases} \tag{2.9}$$

联合式(2.5)和式(2.9)则可计算得到 P 在世界坐标系下的值。

$$\begin{bmatrix} X_w \\ Y_w \\ Z_w \end{bmatrix} = \frac{B}{D} \boldsymbol{R}^{-1} * \begin{bmatrix} x_l - T_x \\ y_r - T_y \\ f - T_z \end{bmatrix} \tag{2.10}$$

如果 $\boldsymbol{R}$、$\boldsymbol{T}$ 已知,只要在左右摄像机成像面上找到对应的匹配点,则可确定该点的三维坐标。而该方法要求摄像机的两光轴相互平行,且对相机摆放的位置有严格的要求。为此,在上述基础上,现考虑一般情况,如图 2.3 所示。

设物点 P 在世界坐标系下的坐标分别为 (X_w, Y_w, Z_w),与之相对应的像点的坐标分别为 (u_l, v_l)、(u_r, v_r),则由式(2.7)有

$$z_{c1} \begin{bmatrix} u_l \\ v_l \\ 1 \end{bmatrix} = \boldsymbol{M} \begin{bmatrix} X_w \\ Y_w \\ Z_w \\ 1 \end{bmatrix} \tag{2.11}$$

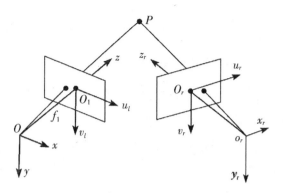

图 2.3　双目立体视觉测量中空间点三维重建

$$z_{c2}\begin{bmatrix} u_r \\ v_r \\ 1 \end{bmatrix} = \boldsymbol{M}'\begin{bmatrix} X_w \\ Y_w \\ Z_w \\ 1 \end{bmatrix} \tag{2.12}$$

定义 $\boldsymbol{M} = [\boldsymbol{M}_1 \quad \boldsymbol{M}_2 \quad \boldsymbol{M}_3]^T$、$\boldsymbol{M}' = [\boldsymbol{M}'_1 \quad \boldsymbol{M}'_2 \quad \boldsymbol{M}'_3]^T$，$W_p = [X_w \quad Y_w \quad Z_w \quad 1]^T$，则有

$$\begin{cases} z_{c1}u_l = \boldsymbol{M}_1 \boldsymbol{W}_p \\ z_{c1}v_l = \boldsymbol{M}_2 \boldsymbol{W}_p \Rightarrow \begin{cases} \boldsymbol{M}_3 \boldsymbol{W}_p u_l = \boldsymbol{M}_1 \boldsymbol{W}_p \\ \boldsymbol{M}_3 \boldsymbol{W}_p v_l = \boldsymbol{M}_2 \boldsymbol{W}_p \end{cases} \\ z_{c1} = \boldsymbol{M}_3 \boldsymbol{W}_p \end{cases} \tag{2.13}$$

$$\begin{cases} z_{c2}u_r = \boldsymbol{M}'_1 \boldsymbol{W}_p \\ z_{c2}v_r = \boldsymbol{M}'_2 \boldsymbol{W}_p \Rightarrow \begin{cases} \boldsymbol{M}'_3 \boldsymbol{W}_p u_r = \boldsymbol{M}'_1 \boldsymbol{W}_p \\ \boldsymbol{M}'_3 \boldsymbol{W}_p v_r = \boldsymbol{M}'_2 \boldsymbol{W}_p \end{cases} \\ z_{c2} = \boldsymbol{M}'_3 \boldsymbol{W}_p \end{cases} \tag{2.14}$$

联合式(2.13)和式(2.14)，则有

$$\begin{cases} \boldsymbol{M}_3 \boldsymbol{W}_p u_l - \boldsymbol{M}_1 \boldsymbol{W}_p = 0 \\ \boldsymbol{M}_3 \boldsymbol{W}_p v_l - \boldsymbol{M}_2 \boldsymbol{W}_p = 0 \\ \boldsymbol{M}'_3 \boldsymbol{W}_p u_r - \boldsymbol{M}'_1 \boldsymbol{W}_p = 0 \\ \boldsymbol{M}'_3 \boldsymbol{W}_p v_r - \boldsymbol{M}'_2 \boldsymbol{W}_p = 0 \end{cases} \Rightarrow \begin{bmatrix} \boldsymbol{M}_3 u_l - \boldsymbol{M}_1 \\ \boldsymbol{M}_3 v_l - \boldsymbol{M}_2 \\ \boldsymbol{M}'_3 u_r - \boldsymbol{M}'_1 \\ \boldsymbol{M}'_3 v_r - \boldsymbol{M}'_2 \end{bmatrix}\begin{bmatrix} X_w \\ Y_w \\ Z_w \\ 1 \end{bmatrix} = 0 \tag{2.15}$$

如果矩阵 $\boldsymbol{M}$、$\boldsymbol{M}'$ 和每一组对应像素点 (u_l, v_l)、(u_r, v_r) 的坐标可知，则根据式(2.15)可建立 4 个方程，在该方程中只有 3 个未知数 X_w、Y_w、Z_w，则采用最小二乘法可求解出 (X_w, Y_w, Z_w)，即点 P 的三维坐标。为此，点 P 三维坐标的获取

必须先确定矩阵 $\boldsymbol{M}$,即摄像机的内外参数。

2.3 综合畸变因素的相机标定

摄像机内外参数的确定过程就是摄像机标定,标定参数的确定是双目立体测量的前提。现常用的标定方法主要为 Tsai 标定法和张氏标定法,但这两种方法在某些应用场合都有一定的局限性。比如 Tsai 标定法在高精度和大视角的测量场合应用有限,而张氏标定法的非线性求解过程存在陷入局部最优解的问题[128]。因此,为了提高标定的精度,扩宽标定方法适用场合,避免非线性求解过程中陷入局部最优的问题,本书提出了一种新的两步标定方法,具体流程图如图 2.4 所示。该方法首先使用标定图像中心区域内的像素坐标信息,在平面的单应性约束条件下求解出摄像机的初始内外参数,随后综合镜头的前二阶径

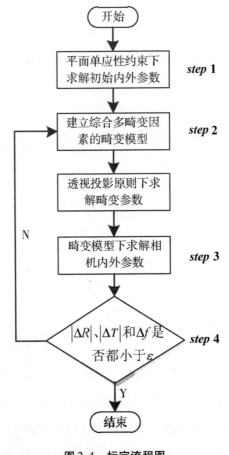

图 2.4 标定流程图

向畸变、切向畸变和薄棱镜畸变因素,建立多畸变因素的成像模型;通过该模型对像点的成像坐标进行校正,并假定校正后像点的成像平面坐标位置与该点在摄像机坐标系下的坐标符合透视投影原则,以上一步求解得到的相机初始内外参数为基础求解出畸变系数,最后采用迭代计算方法逐步逼近内外参数的精确值。

2.3.1　初始内外参数的求解

假设摄像机镜头及成像系统不存在任何畸变等因素,在此基础上以平面单应性为约束条件求出摄像机的初始内外参数 R、T、f、s_x、u_o、v_o。

由于实验采用的标定板都为平面,为此可令 $Z_w = 0$,则点 P 在世界坐标系下的坐标与其图像坐标之间的映射关系可改写为

$$z_c \begin{bmatrix} u \\ v \\ 1 \end{bmatrix} = \begin{bmatrix} s_x N_x f & 0 & u_o \\ 0 & N_y f & v_o \\ 0 & 0 & 1 \end{bmatrix} \begin{bmatrix} r1 & r2 & T \end{bmatrix} \begin{bmatrix} X_w \\ Y_w \\ 1 \end{bmatrix} = A \begin{bmatrix} r1 & r2 & T \end{bmatrix} \begin{bmatrix} X_w \\ Y_w \\ 1 \end{bmatrix} = M \begin{bmatrix} X_w \\ Y_w \\ 1 \end{bmatrix}$$

$$(2.16)$$

其中矩阵 M 即为单应性矩阵,描述了世界坐标系到图像坐标系的映射关系,在此令

$$M = \begin{bmatrix} M_1 & M_2 & M_3 \end{bmatrix} = \begin{bmatrix} m_{11} & m_{12} & m_{13} \\ m_{21} & m_{22} & m_{23} \\ m_{31} & m_{32} & m_{33} \end{bmatrix} \qquad (2.17)$$

则式 (2.16) 可变换为 $\begin{cases} (m_{31}X_w + m_{32}Y_w + m_{33})u = m_{11}X_w + m_{12}Y_w + m_{13} \\ (m_{31}X_w + m_{32}Y_w + m_{33})v = m_{21}X_w + m_{22}Y_w + m_{23} \end{cases}$,并设

$m' = \begin{bmatrix} m_{11} & m_{12} & m_{13} & m_{21} & m_{22} & m_{23} & m_{31} & m_{32} & m_{33} \end{bmatrix}$,则该式可被整理表示为

$$\begin{bmatrix} X_w & Y_w & 1 & 0 & 0 & 0 & -uX_w & -uY_w & -u \\ 0 & 0 & 0 & X_w & Y_w & 1 & -vX_w & -vY_w & -v \end{bmatrix} m' = 0 \qquad (2.18)$$

由于镜头畸变因素及系统安装误差对成像图像中心区域内的像点影响较小,因此,为了降低计算误差,在此选取标定图像中心区域 $n(n>9)$。对像素点 (u,v) 和 $(X_w, Y_w, 0)$,则根据式 (2.18) 可求解出矩阵 m',即单应性矩阵 M。

根据式(2.6)中 R 的定义,可知向量 $r1$、$r2$ 为正交向量,则由 M 定义可求解出

$$\begin{cases} r1 = A^{-1} * M_1 \\ r2 = A^{-1} * M_2 \\ r1^T r2 = 0 \\ \| r1 \| = \| r2 \| = 0 \end{cases} \quad (2.19)$$

即

$$\begin{cases} M_1^T B M_2 = 0 \\ M_1^T B M_1 = M_2^T B M_2 \end{cases} \quad (2.20)$$

其中 $B = A^{-T} A^{-1}$ 为对称矩阵,设 $B = \begin{bmatrix} B_{11} & B_{12} & B_{13} \\ B_{12} & B_{22} & B_{23} \\ B_{13} & B_{23} & B_{33} \end{bmatrix}$,并令 $b =$

$[B_{11} \quad B_{12} \quad B_{22} \quad B_{13} \quad B_{23} \quad B_{33}]^T$,则式(2.20)可变化为

$$\begin{bmatrix} N_{12}{}^T \\ (N_{11} - N_{22})^T \end{bmatrix} b = 0 \quad (2.21)$$

其中 $N_{ij} = \begin{bmatrix} m_{i1} m_{j1} \\ m_{i1} m_{j2} + m_{i\,2} m_{j1} \\ m_{i2} m_{j2} \\ m_{i3} m_{j1} + m_{i1} m_{j3} \\ m_{i3} m_{j2} + m_{i2} m_{j3} \\ m_{i3} m_{j3} \end{bmatrix}^T$ 并且是已知的,在式(2.21)中只有矩阵 b 含

有 6 个未知数,为此只需 6 个方程就可求解矩阵 b。而一个单应性矩阵 M 可表述 2 个方程,因此要求解除矩阵 b,需要拍摄 3 张不同角度的标定照片,建立 6 个线性方程。最后采用最小二乘法可得到矩阵 b,即矩阵 B;针对矩阵 B 采用 Cholesky 分解法[129]可以得到摄像机内部参数矩阵 A。

由于 $M = A[r1 \quad r2 \quad T]$,根据正交矩阵的性质,可进一步求解出摄像机外部参数。

$$
\begin{cases}
\boldsymbol{r}1 = \lambda \boldsymbol{A}^{-1}\boldsymbol{M}_1 \\[2mm]
\boldsymbol{r}2 = \lambda \boldsymbol{A}^{-1}\boldsymbol{M}_2 \\[2mm]
\boldsymbol{r}3 = \boldsymbol{r}_1 \times \boldsymbol{r}_2 \\[2mm]
\boldsymbol{T} = \lambda \boldsymbol{A}^{-1}\boldsymbol{M}_3 \\[2mm]
\lambda = \dfrac{1}{\parallel \boldsymbol{A}^{-1}\boldsymbol{M}_1 \parallel} = \dfrac{1}{\parallel \boldsymbol{A}^{-1}\boldsymbol{M}_2 \parallel}
\end{cases}
\tag{2.22}
$$

至此,摄像机的初始内外参数 $\boldsymbol{R}$、$\boldsymbol{T}$、f、s_x、u_o、v_o 已全部求解出。

2.3.2　综合多畸变因素的逐步逼近

根据平面单应性求解摄像机内外参数,本质上认定成像过程是一种线性投影的过程,并没有考虑到镜头存在畸变等因素,但这与实际往往不符,从而导致标定结果往往不够准确,为此还需要对该初始参数进一步优化。张氏标定法采用最大似然估计对初始结果进行优化,但优化过程可能产生局部最优解的缺陷[130]。本书选用迭代逐步逼近的方式,首先通过多畸变模型对像点的坐标进行校正,并假定经校正后像点的成像坐标与该点在摄像机坐标系下的位置满足透视原理,然后利用相机的初始内外参数值求解出畸变系数,随后进一步以此畸变系数在畸变模型上迭代更新摄像机的内外参数。具体过程如下。

***Step* 1**　根据上一步所得的摄像机的内外参数求解畸变系数 k_1、k_2、p_1、p_2、s_1、s_2。

在此假定空间任意物点 P 在成像平面坐标系下的实际坐标为 (x_r, y_r),经过式(2.2)校正后的坐标为 (x, y),则 (x, y) 与该点在摄像机坐标系下的位置 (x_c, y_c, z_c) 符合针孔模型,联合式(2.1)、式(2.2)有

$$
\begin{cases}
f * \dfrac{x_c}{z_c} = x_r + x_r(k_1 r^2 + k_2 r^4) + 2p_1 x_r y_r + p_2(3{x_r}^2 + {y_r}^2) + s_1 r^2 \\[3mm]
f * \dfrac{y_c}{z_c} = y_r + y_r(k_1 r^2 + k_2 r^4) + 2p_2 x_r y_r + p_1({x_r}^2 + 3{y_r}^2) + s_2 r^2
\end{cases}
\tag{2.23}
$$

利用上一步所得 $\boldsymbol{R}$、$\boldsymbol{T}$、f、s_x、u_o、v_o,根据式(2.4)可计算出 (x_r, y_r),再根据摄像机坐标系与世界坐标系的关系,可计算出点 P 在摄像机坐标系下的位置 $(x_c,$

y_c, z_c)。则在式(2.23)中未知数只有畸变系数 k_1、k_2、p_1、p_2、s_1、s_2,为此只需在标定图片上任意选取 $n(n>6)$ 点,通过最小二乘法(least squares method,LSM)[131]就可求解出。

Step 2 综合多畸变因素迭代更新 $\boldsymbol{R}$、$\boldsymbol{T}$、f 值。

将式(2.5)展开成方程组形式,可得

$$
\begin{cases}
x_c = r_{11} * X_w + r_{12} * Y_w + r_{13} * Z_w + T_x \\
y_c = r_{21} * X_w + r_{22} * Y_w + r_{23} * Z_w + T_y \\
z_c = r_{31} * X_w + r_{32} * Y_w + r_{33} * Z_w + T_z
\end{cases}
\tag{2.24}
$$

联合式(2.1)、式(2.24)则有

$$
\begin{cases}
x = f * \dfrac{x_c}{z_c} = f\dfrac{r_{11} * X_w + r_{12} * Y_w + r_{13} * Z_w + T_x}{r_{31} * X_w + r_{32} * Y_w + r_{33} * Z_w + T_z} \\[3mm]
y = f * \dfrac{y_c}{z_c} = f\dfrac{r_{21} * X_w + r_{22} * Y_w + r_{23} * Z_w + T_y}{r_{31} * X_w + r_{32} * Y_w + r_{33} * Z_w + T_z}
\end{cases}
\tag{2.25}
$$

由于标定板上的标识点是共面点,则可设 $Z_w = 0$,则有

$$
\begin{cases}
x = f\dfrac{r_{11} * X_w + r_{12} * Y_w + T_x}{r_{31} * X_w + r_{32} * Y_w + T_z} \\[3mm]
y = f\dfrac{r_{21} * X_w + r_{22} * Y_w + T_y}{r_{31} * X_w + r_{32} * Y_w + T_z}
\end{cases}
\tag{2.26}
$$

注意上式中的 (x,y) 为理想值,如果镜头存在畸变,则其大小应取经校正后的值,即如式(2.27)所示。

$$
\begin{cases}
x_i = f\dfrac{r_{11} * X_w + r_{12} * Y_w + T_x}{r_{31} * X_w + r_{32} * Y_w + T_z} \\[3mm]
y_i = f\dfrac{r_{21} * X_w + r_{22} * Y_w + T_y}{r_{31} * X_w + r_{32} * Y_w + T_z}
\end{cases}
\tag{2.27}
$$

在标定图上任意选取 $n(n>8)$ 个像素点 (u_i, v_i),其中 $i = 1, 2, \cdots, n$,利用式(2.23)所得的畸变参数,结合式(2.2)和式(2.4)可计算出 n 个校正后的成像平面坐标点 (x_i, y_i),则可将式(2.27)改写为线性方程组形式,并将 n 点 (x_i, y_i) 代入合并,则有

$$
\begin{bmatrix}
X_{w1} & Y_{w1} & 1 & 0 & 0 & 0 & -X_{w1}*x_1 & -Y_{w1}*x_1 \\
0 & 0 & 0 & X_{w1} & Y_{w1} & 1 & -X_{w1}*y_1 & -Y_{w1}*y_1 \\
\cdots & \cdots & \cdots & \cdots & \cdots & \cdots & \cdots & \cdots \\
\cdots & \cdots & \cdots & \cdots & \cdots & \cdots & \cdots & \cdots \\
X_{wn} & Y_{wn} & 1 & 0 & 0 & 0 & -X_{wn}*x_n & -Y_{wn}*x_n \\
0 & 0 & 0 & X_{wn} & Y_{wn} & 1 & -X_{wn}*y_n & -Y_{wn}*y_n
\end{bmatrix}
*
\begin{bmatrix}
f*r_{11}/T_z \\
f*r_{12}/T_z \\
f*T_x/T_z \\
f*r_{21}/T_z \\
f*r_{22}/T_z \\
f*T_y/T_z \\
r_{31}/T_z \\
r_{32}/T_z
\end{bmatrix}_z
=
\begin{bmatrix}
x_1 \\
y_1 \\
\cdots \\
\cdots \\
x_n \\
y_n
\end{bmatrix}
$$

$$(2.28)$$

其中 $f*r_{11}/T_z$、$f*r_{12}/T_z$、$f*T_x/T_z$、$f*r_{21}/T_z$、$f*r_{22}/T_z$、$f*T_y/T_z$、r_{31}/T_z、r_{32}/T_z 看作 8 个未知数,通过 LSM 方法可求解。

由于矩阵 **R** 为正交矩阵,根据正交矩阵的性质,则有

$$\sqrt{(r_{11}-r_{22})^2+(r_{12}+r_{21})^2}+\sqrt{(r_{11}+r_{22})^2+(r_{12}-r_{21})^2}=2 \quad (2.29)$$

结合已求解的 $f*r_{11}/T_z$、$f*r_{12}/T_z$、$f*r_{21}/T_z$、$f*r_{22}/T_z$ 的值,代入式 (2.29) 可求解出 f/T_z,进一步解出 r_{11}、r_{12}、r_{21}、r_{22}、T_x、T_y 的值,后根据正交矩阵的性质,可求解出 r_{13}、r_{23}、r_{31}、r_{32}、r_{33}。

根据 r_{31}/T_z 和 r_{32}/T_z 的值,可算出 T_z,最后由 f/T_z 的值,可计算出 f。至此相机的内外参数 **R**、**T**、f 更新完。

Step 3 重复 ***Step 1*** 和 ***Step 2***,反复迭代计算,直到各 $|\Delta\boldsymbol{R}|$、$\|\Delta\boldsymbol{T}\|_\infty$、$\Delta f$ 都小于一个很小的正数 ε 时迭代结束。

2.4 标定实验结果及分析

2.4.1 可行性分析验证

为验证标定算法的可行性,将标定结果与张氏标定和 Tsai 标定结果进行对比。其中张氏标定法采用黑白棋盘标定板,Tsai 标定法采用圆心平面板,如图 2.5 所示。实验采用的摄像机为尼康(Nikon) D7100,其内置 2471 万像素的 CMOS 传感器,单位长度像素数 $N_x = N_y = 1/0.00247$(pixel/mm)。相机镜头采用尼康 AF-S 广角镜头,焦距范围 16—35 mm,最近对焦距离 0.29 m,视角范围 83—44 度,最大光圈 F4.0,最小光圈 F22。本次实验焦距设定 19 mm,光圈 F 值

设定为 10.3。

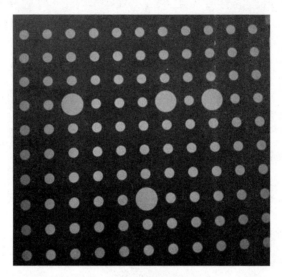

图 2.5 平面标定板 I

首先,在不考虑透镜存在畸变等因素的情况下,根据平面的单应性约束条件求解初始内外参数 $\boldsymbol{R}$、$\boldsymbol{T}$、f、s_x、u_o、v_o。随后在畸变模型下由第二步和第三步反复迭代 10 次,迭代过程中参数 f、s_x、u_o、v_o 的变化情况如图 2.6 所示。$\boldsymbol{R}$、$\boldsymbol{T}$ 的具体迭代过程的数据如表 2.1 所示。从图 2.6 可知,随着迭代次数的增加,各参数的计算值都趋于稳定,表明本书算法的结果是收敛的。

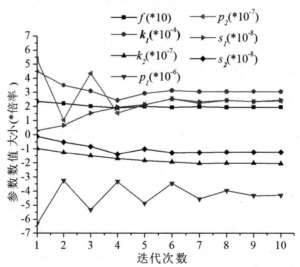

图 2.6 内外参数结果随迭代次数的变化

表 2.1　迭代过程中 R、T 的值

迭代次数	R			T
1	-1.3953	-0.6562	-0.3849	$[160.2776$
	0.1585	-0.8274	-0.4046	135.7446
	-0.7046	-0.5629	1.2270	$-392.1926]^T$
2	-0.9051	-0.1909	-0.5092	$[161.4001$
	0.2721	-1.1687	-0.9619	135.7733
	-0.2304	-0.3128	1.3080	$-391.3337]^T$
3	-0.6606	0.3820	-0.0017	$[160.1836$
	0.1535	-1.2519	-0.6812	136.8712
	0.0640	-0.2167	1.2788	$-390.4439]^T$
4	-0.6462	0.2836	-0.3354	$[161.0231$
	-0.3021	-1.1096	-0.4382	136.0141
	0.1387	0.0283	1.2307	$-391.1379]^T$
5	-0.8403	0.5837	-0.1894	$[161.0816$
	-0.2416	-0.7291	-0.5612	135.6925
	0.1952	0.1962	0.8652	$-390.4526]^T$
6	-0.7844	0.4097	0.0566	$[161.7433$
	-0.3908	-0.6202	-0.3282	136.2467
	-0.0001	0.1757	1.0834	$-390.8679]^T$
7	-0.9457	0.1158	0.0038	$[161.9626$
	-0.1912	-0.6289	-0.1210	135.8789
	-0.2173	-0.0548	1.2635	$-391.2810]^T$
8	-1.0478	-0.0004	-0.0647	$[161.7902$
	-0.1421	-0.8086	-0.0965	135.7163
	-0.1037	0.0141	1.1301	$-391.0066]^T$
9	-0.9558	0.0276	-0.1723	$[161.6317$
	-0.0210	-0.9637	-0.0552	135.9124
	-0.2324	0.0576	1.0066	$-391.1439]^T$
10	-0.9652	-0.0019	-0.2614	$[161.6699$
	-0.0061	-0.9995	0.0300	135.8672
	-0.2613	0.0305	0.9648	$-391.2005]^T$

　　Tsai 两步法参考文献[35],预先设定 $s_x = 1.00$、$(u_o, v_o) = (780, 640)$,由此可计算出相机内外参数 R、T、f、k_1,具体结果如表 2.2 所示。因张氏标定法和本书算法的第一步需要拍摄 3 幅以上不同角度的标定图,所拍摄的角度不同造

成 R、T 不同,即对比 R、T 值没有太大意义,为此本书只对比相机内部参数及畸变系数。具体对比数据如表 2.2 所示,其中 * 表示该方法无法计算此参数,实验结果表明不同标定方法所得相机内部参数 f、u_o、v_o、s_x 的值大致相等,验证了该标定算法的可行性;相比张氏标定法和 Tsai 标定法,本书方法耗时较少,且不仅能确定径向畸变系数值,还能得到切向畸变系数和薄棱镜畸变系数,校正后图像的显示效果理论上优于前两种方法。

表 2.2　标定结果

结果	Tsai 两步法	张氏方法	本书方法
$f(\mathrm{mm})$	19.9691	19.6212	19.5364
s_x	1.0000	1.0102	1.0027
u_0	780	782.0142	781.9564
v_0	640	643.2042	642.1302
k_1	0.0036	$3.2451e-4$	$3.0465e-4$
k_2	*	$-1.9324e-7$	$-2.0473e-7$
p_1	*	*	$-4.2954e-6$
p_2	*	*	$2.3921e-7$
S_1	*	*	$0.24564e-8$
S_2	*	*	$-0.12453e-8$
$\delta_{uv}(\mathrm{pixel})$	0.27	0.19	0.17
耗时(ms)	83 ms	146 ms	54 ms

2.4.2　标定精准性分析

为了评估标定参数的精度,采用文献[37]的方法,以校正后图像上每个圆心的横向或纵向间距作为标定参数准确性的评价参数;实验采用均匀圆心间距为 1.2 cm 的平面标定板 Ⅱ,如图 2.7 所示。如果摄像光学系统无畸变因素存在或畸变校正效果非常好,则拍摄原图或经校正后图像的圆心距理论上也是等距的,即可对比经校正后图像各圆心点的间距分布情况来评价畸变系数的准确性;由于标准的张氏标定板为黑白棋盘,为满足张氏标定的需求,将各个圆心点作为棋盘的角点。

图 2.7　平面标定板 II

　　三种方法校正后的横向圆心距分布效果图如图 2.8 所示,在图像未校正之前,由于镜头畸变的影响,越远离图像中心的圆心间距就越大,如图 2.8(a)所示。经张氏方法校正后,圆心距离变化较为平缓;相比使用本书方法校正后圆心

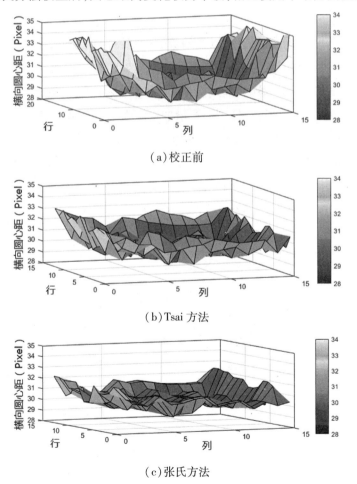

(a)校正前

(b)Tsai 方法

(c)张氏方法

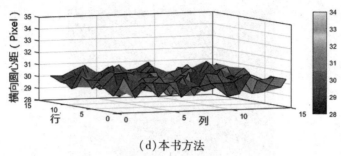

（d）本书方法

图 2.8　横向圆心距

距的分布更为平坦，其平均值为 29.98 Pixel，标准方差为 0.56 Pixel，小于 Tsai 方法的 1.00 Pixel，优于张氏方法的 0.75 Pixel，说明该方法所建立的畸变模型可靠性更高，所得到的畸变系数更为准确。

2.4.3　鲁棒性分析

为验证算法的抗噪性能，可以在拍摄的标定图内加入不同强度的零均值高斯噪声。由于噪声的干扰导致识别出的圆点坐标值发生偏差，噪声强度越大致使坐标发生偏差的圆点数目越多，导致标定结果发生变化，为此可用标定结果的稳定性来验证算法的抗噪能力。所增加噪声强度从 0 dB 以 1 dB 为步长依次增加到 9 dB，三种标定方法分别在每级噪声图上重复标定 10 次，取标定结果的平均值绘制统计图。因三种标定方法能得到的参数不同，且外部参数 R、T 与摄影角度位置等外部因素有关，因此，实验只对比共有的内部参数 f、k_1、k_2 随噪声变化的情况，具体如图 2.9 所示。

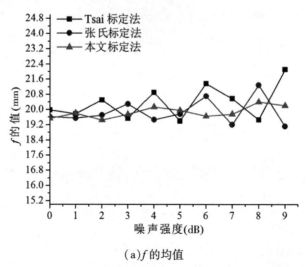

（a）f 的均值

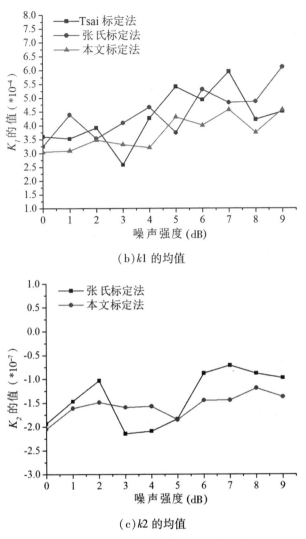

（b）k1 的均值

（c）k2 的均值

图 2.9　不同强度噪声下标定结果的平均值

　　三种方法的标定结果随着噪声强度增加而有所增大，且在前后不同强度噪声干扰下标定结果的差距有所增加，总体上本书所得参数变化相对较缓慢，如图 2.9 所示，说明该算法的抗噪声能力略强于其他两种方法。具体原因：一是本书方法初始值由图像中心区域的像素点计算所得，减少了畸变因素对初始值的影响，从而能提高后续非线性计算的准确性；二是畸变模型相比 Tsai 标定法和张氏标定法更为全面，且畸变系数和相机参数是通过所有成像点不断迭代优化求解，减少了异常点的干扰，从而增强算法的抗干扰能力。

　　因标定图中含有噪声，计算过程中不可避免地使用了异常点，造成同一幅

含噪标定图多次标定的结果可能会不同。为此,需进一步分析在同一强度噪声的干扰下同一幅标定图多次标定结果的稳定性,即在同一强度噪声干扰下多次标定结果的离散程度。由于各参数值之间的数量级相差较大且量纲不同,无法直接使用标准差来衡量,因此引入了变异系数 $Cv = \sigma / |\mu|$ 来表示数据的离散变异程度,其中 $\sigma = \sqrt{\dfrac{1}{n} \sum_{i}^{n} (x_i - \mu)^2}$ 为标准差,$\mu = \dfrac{1}{n} \sum_{i}^{n} x_i$ 为平均值,具体结果如图 2.10 所示。

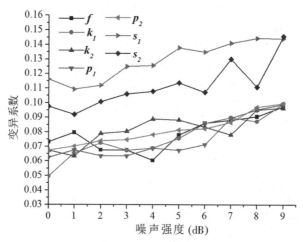

图 2.10　不同噪声级下本书标定结果的变异系数

由图可知,随着噪声强度的增加,各参数的变异系数值缓慢增加,即标定结果数值的离散程度增加,但所有参数的异变系数值都小于 15%。根据文献[132]可知,异变系数值低于 15% 为正常数据,表明算法在噪声干扰下的标定结果是可信的;由图可知,s_1、s_2 的变异系数较大,表明 s_1、s_2 的离散程度略高于其他参数,更易受到噪声的影响,但由于 s_1、s_2 的数量级是其他最小参数的 1/100,其值相对较大的浮动对畸变校正结果影响不大。

2.4.4　实际应用

本节将所提标定方法应用于非接触式 3D CaMega 光学三维扫描系统中,分析系统经本书方法标定后和经自带标定后所采集到的数据的差异性。为了便于分析,选取高精度的激光扫描仪 HandySCAN 700 获取的数据作为参照物,实验模型为破碎的陶瓷碎片,具体对比结果如图 2.12 – 2.14 所示。HandySCAN 700 扫描的精度设置为 0.2 mm,经自带标定方法标定后,3D CaMega 所获得的 2

号碎片与参考模型最大的 3D 偏差为 + 0.206/ − 0.190 mm,标准偏差为 0.013 mm;3 号碎片的最大偏差为 + 0.199/ − 0.421 mm,标准偏差为 0.040 mm;5 号碎片的最大偏差为 0.112/0.257 mm,标准偏差为 0.018 mm;而经所提算法标定之后所获得的 2 号碎片与参考模型的最大偏差是 + 0.091/ − 0.166 mm,标准偏差为 0.007 mm;3 号碎片的最大偏差为 + .137/ − 0.208 mm,标准偏差为 0.018 mm;5 号碎片的最大偏差为 + 0.095/ − 0.163 mm,标准偏差为 0.011 mm。所提算法标定后系统所获得的数据与参考数据的差异性更小,由此表明该双目测量系统经所提标定方法标定之后所采集到的数据更为精确。

(a)3D CaMega 光学三维扫描系统　　　　(b)HandySCAN 700

图 2.11　三维激光扫描设备

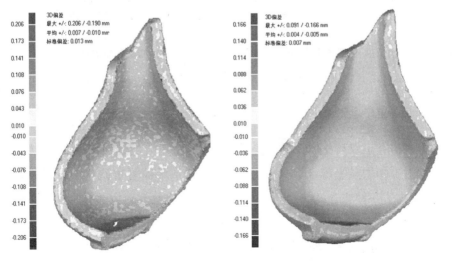

(a)自带标定算法　　　　　　　　(b)所提标定方法

图 2.12　2 号碎片的偏差分析

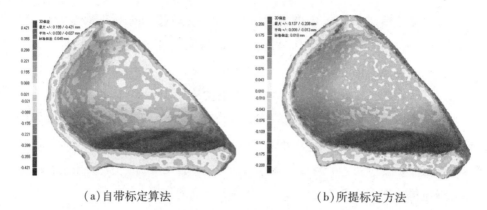

（a）自带标定算法　　　　　　　　　（b）所提标定方法

图 2.13　3 号碎片的偏差分析

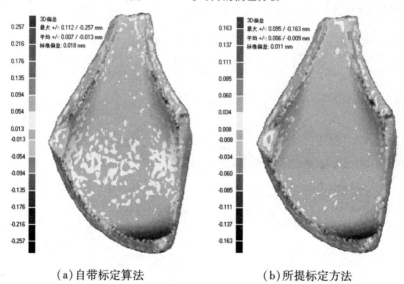

（a）自带标定算法　　　　　　　　　（b）所提标定方法

图 2.14　5 号碎片的偏差分析

2.5　本章小结

　　本章研究了双目立体视觉测量的原理及测量系统的结构,分析了摄像机内外参数对空间物点坐标求解的重要性,为此本章后面着重研究了相机标定方法,并提出了一种综合多畸变因素的摄像机标定方法。该方法首先在不考虑成像过程中的因素情况下,通过以平面的单应性为约束条件求解出摄像机内外初始参数;然后考虑成像镜头存在径向畸变、切向畸变和薄棱镜畸变等多畸变因素,对像素点的坐标进行校正,假定校正后像点符合透视投影原则,据此计算出畸变系数;随后在畸变模型上通过迭代逐步逼近精确值。该方法解决了 Tsai 标定法和张氏标定法中假设镜头只存在径向畸变的问题,可在综合前二阶径向畸变、切向畸变及薄棱镜畸变等因素下完成标定,提高了标定精度,扩展了适用场合。实验数据表明,所提标定方法的平均像素误差为 0.17 pixel,优于 Tsai 两步法和张氏标定法;对比校正后圆心距的分布情况,所提方法校正后的圆心距分布更为平坦,其平均值为 29.98 pixel,标准方差为 0.56 pixel,小于 Tsai 方法的 1.00 pixel,优于张氏方法的 0.75 pixel。相比 Tsai 标定法和张氏标定法,该方法的抗噪声干扰能力更强,且适用于任意种类的镜头畸变模型,具有普适性宽、精确性高等特点。

第 3 章　三维数据预处理

3.1　引言

　　现有的三维扫描设备可以很轻松地获取到物体表面的点云数据,但由于受测量设备物体特性、扫描环境、光照等因素的影响,扫描数据不可避免地带有一定的噪声,这些噪声对后续特征点提取、断裂面匹配和拼合有很大干扰。与此同时,由于扫描设备的精度越来越高,所获得的数据量就越大,其中包含的冗余数据点也就越多。过密的数据不仅会制约计算机处理的速度,还会影响曲面的光顺性。为此,在保留模型特征的前提下,对点云数据进行去噪和精简等预处理操作是非常有必要的。

3.2　基于空间栅格的三维数据平滑

　　根据噪声与正常数据的分布情况,可将噪声点分为:大尺度噪声和小尺度噪声[133]。针对大尺度噪声多采用聚类方法和密度分析方法,其中聚类方法在处理成片高密度的噪声簇时计算的速度较慢,而密度分析方法无法有效地滤除高密度噪声簇。鉴于上述存在的问题,本章提出一种基于点云空间栅格连通性的去噪算法。

3.2.1　空间栅格划分

　　正常有效的点云数据应是紧密分布在模型的表面上下,而大尺度噪声一般与模型表面相距一段距离,为此可根据这种特征来识别大尺度点云噪声。首先将点云模型进行均匀的空间六面体分割,平面截图如图 3.1 所示。由于大尺度噪声与模型表面相距较远,且是孤立存在或成片孤立存在的,所以正常有效表面数据点的单元体是连续分布的。然后计算各栅格单元体内点云数据的密度信息,根据单元体内点云数据的密度确定各单元体的"像素值"。当密度小于一定阈值时设置像素值为 0,即为噪声单元体。噪声单元体的连通区域相对较小,分析相邻单元体的连通性并计算连通区域大小,综合单元体的像素值和单元体连通区域的大小能有效滤除大尺度噪声,最后利用双边滤波平滑小尺度噪声。

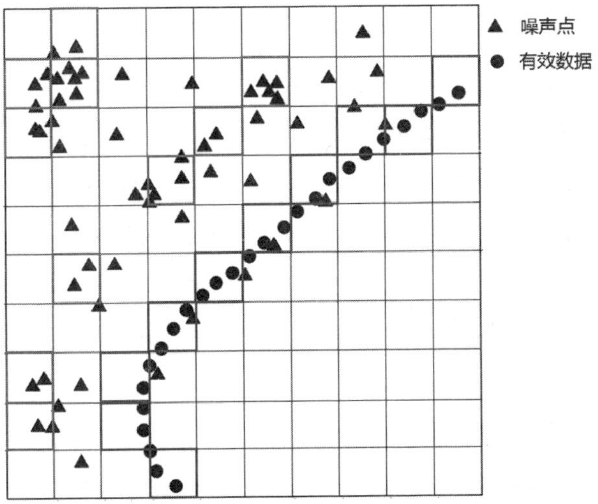

图 3.1 栅格平面图

(1)初始划分:设点云数据 X、Y、Z 三个方向的边值为 $X_{\max}$、$X_{\min}$、$Y_{\max}$、$Y_{\min}$、$Z_{\max}$、$Z_{\min}$,则可利用一个空间长方体盒将点云模型包围,其中长方体盒的 8 个顶点坐标分别为点 $(X_{\min}、Y_{\min}、Z_{\min})$、$(X_{\min}、Y_{\max}、Z_{\min})$、$(X_{\max}、Y_{\min}、Z_{\min})$、$(X_{\max}、Y_{\max}、Z_{\min})$、$(X_{\min}、Y_{\min}、Z_{\max})$、$(X_{\min}、Y_{\max}、Z_{\max})$、$(X_{\max}、Y_{\min}、Z_{\max})$、$(X_{\max}、Y_{\max}、Z_{\max})$。设定初始栅格划分间距 D_x、D_y、D_z 的大小。

$$\begin{cases} D_x = 2^N X_s d_x \\ D_y = 2^N Y_s d_y \\ D_z = 2^N Z_s d_z \end{cases} \tag{3.1}$$

其中 d_x、d_y、d_z 为点云数据 X、Y、Z 三个方向的最小间距,其大小根据点云原始数据的密度选取,理论上将点云模型以 d_x、d_y、d_z 大小分割,每一个空间栅格内只包含一点点云数据,实际操作中可能无法保证每个空间栅格内只含一点点云数据。因而,为了增加算法的可操作性及稳定性,将栅格细分的最小尺度都进行相应的放大 X_s、Y_s、Z_s 倍,X_s、Y_s、Z_s 放大因子大小参考文献[59]的值,即 $2 \leqslant X_s、Y_s、Z_s \leqslant 5$,所提算法取 $X_s = Y_s = Z_s = 3$,其中 N 表示最多可细分的次数,即初始间隔最多可被细分 N 次。

(2)根据分割最小尺度 $\min(D_x) = X_s d_x$、$\min(D_y) = Y_s d_y$、$\min(D_z) = Z_s d_z$ 的大小,可确定 X、Y、Z 三个方向分割的段数

$$\begin{cases} N_x = \lceil (X_{max} - X_{min})/(X_s d_x) \rceil \\ N_y = \lceil (Y_{max} - Y_{min})/(Y_s d_y) \rceil \\ N_z = \lceil (Z_{max} - Z_{min})/(Z_s d_z) \rceil \end{cases} \tag{3.2}$$

$\lceil \bullet \rceil$为向上取整运算,这样将点云模型分割为 $N_x \times N_y \times N_z$ 个长方体,本书将每个小长方体称为单元体。

(3)建立单元体的索引编号 $C(u,v,w)$。设定包含空间点 $p_0(X_{min}、Y_{min}、Z_{min})$ 的单元体的索引号 $C(1,1,1)$,则任意单元体 $C(u,v,w)$ 中的点云数据应该满足

$$\begin{cases} x = \{x \mid X_{min} \leqslant x < X_{max} + u * X_s d_x, u \leqslant N_x\} \\ y = \{y \mid Y_{min} \leqslant x < Y_{max} + v * Y_s d_y, v \leqslant N_y\} \\ z = \{z \mid Z_{min} \leqslant x < Z_{max} + w * Z_s d_z, w \leqslant N_z\} \end{cases} \tag{3.3}$$

通过上述形式,则可将点云模型中所有点划分到各自的单元体中。任何一个单元体都含有 26 个相邻单元体,如图 3.2 所示。

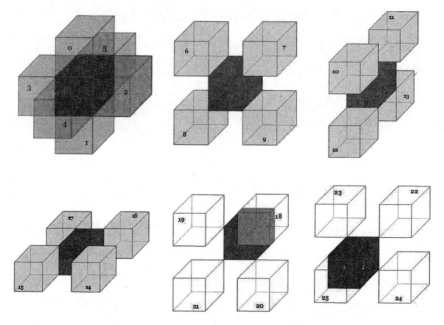

图 3.2 相邻单元体类型

3.2.2 连通性分析及噪声判定

在二值灰度图像中任意两个相邻位置且具有相同像素值的像素点称为连通。在此借鉴数字图像中连通性的思路,将像素点的连通性引入到空间栅格

中,并将"图像中的像素值"替换成"单元体内点云数据点数值"。

定义 1:任意单元体内的点云数据量 $N_c < N_{rate} * N$,则记 $C(u,v,w) = 0$,反之 $C(u,v,w) = 1$,其中 $N_{rate} \in (0,1)$,N 值大小由原始点云密度和栅格最小间距共同决定。

定义 2:$C(u,v,w)$ 的值大小称为单元体的像素值,任意两个相邻单元体的像素值相等且为 1,则认为两单元体连通。

定义 3:如果连续多个单元体连通,相连通单元体的累计个数称为连通长度。

基于单元体连通性分析的噪声判定的具体步骤如下:

Step 1　遍历每个单元体 $C(u,v,w)$,计算单元体中的点云点数记为 N_c,并记录 $C(u,v,w)$ 的大小。如果 $C(u,v,w) = 0$,则认为该单元体内为点云噪声,直接删除该单元体相应的点云数据。

Step 2　将各单元体以 Y 方向切成 N_y 片,选择该单元体的连通区域。取单元体索引 $v = k$,即第 k 片单元体切片,循环遍历索引 u 和 w,根据连通的定义,寻找单元体切片中的连通域,并计算各连通域内单元体个数 N_l。如果 $N_l < N_L$,则将该单元体像素值 $C(u,v,w)$ 清零,其中 N_L 与噪声簇的最大宽度有关。

Step 3　循环 **Step 2** N_y 次,查找所有切片中的连通域,更新相应 $C(u,v,w)$ 的值。

上述步骤单元体连通域的识别只是针对面相邻区域,像素 $C(u,v,w) = 0$ 的单元体可能是伪噪声单元体。为增强算法的可靠性,可选择增加识别 12 个棱相邻和 8 个顶点相邻单元体的数据是否为真实有效数据,即转到 **Step 4**。

Step 4　查询 $C(u,v,w) = 0$ 的单元体的面相邻、棱相邻、顶点相邻单元体像素值 $C(u,v,w)$ 是否为 1,如果为真,则认为该单元体内数据为真实数据,否则删除该单元体内数据。

3.2.3　双边点云滤波去噪

Fleishman 等[51]将图像双边滤波推广至三维点云网络模型中,提出了基于双边滤波的各向异性去噪算法。这种算法针对小尺度噪声非常有效,在滤除噪声的同时能够保留模型的尖锐特征,具体滤波公式如下

$$p_k{}' = p_k + \alpha \times \boldsymbol{n} \tag{3.4}$$

其中 p_k 为点云数据点，n 为点 p_k 的法向，α 为双边滤波因子，且可表示为

$$\alpha = \frac{\sum_{j=1}^{m} W_c(\ \|\boldsymbol{p}_k - \boldsymbol{p}_j\|\ ) W_s(\ \|\langle p_k - p_j, n \rangle\|\ ) \langle p_k - p_j, n \rangle}{\sum_{j=1}^{m} W_c(\ \|\boldsymbol{p}_k - \boldsymbol{p}_j\|\ ) W_s(\ \|\langle p_k - p_j, n \rangle\|\ )} \qquad (3.5)$$

其中：$\| \bullet \|$ 为向量的模，$\langle \bullet, \bullet \rangle$ 为向量内积计算；$W_c = e^{-x^2/2\sigma_c^2}$ 为光顺滤波权函数，$W_s = e^{-y^2/2\sigma_s^2}$ 为特征保持权重函数；σ_c 是数据点 p_k 到邻域点的距离对该点的影响因子，一般取该点邻域的半径，σ_s 是数据点 p_k 到邻近点的距离向量在该点法向上的投影对数据点 p_k 的影响因子。

算法的具体步骤：

Step 1 计算每个数据点 p_k 的 m 个邻域点。

Step 2 计算出该点 p_k 的 W_c 和 W_s，该点 p_k 到 m 个邻域点的模和内积。

Step 3 利用公式(3.5)计算双边滤波因子 α。

Step 4 利用公式(3.4)计算滤波后 p_k' 的值。

Step 5 依次计算，直至所有数据点更新后程序结束。

3.2.4 实验结果及分析

为了验证所提算法的鲁棒性，采用 C++ 语言在 VS2010 平台上实现点云光顺算法，并且调用 OpenGL 库函数显示点云。选取标准 bunny 模型，该模型共 35974 个有效点，在添加了 10 dB 高斯噪声的基础上分别添加了 3040 点、8054 点、12928 点随机分布的大尺度噪声，具体如图 3.3 所示。取参数 $N_{rate} = 0.3$，$N_L = 28$，$\sigma_s = \frac{1}{5}\delta_c$，使用所提算法滤波后效果图如图 3.4 所示，在滤除噪声的同时，较好地保留了模型的细节特征。但随着大尺度噪声点数的增加，经滤波后模型的细节特征有所平滑。

　（a）3040 个噪声点　　　（b）8054 个噪声点　　　（c）12928 个噪声点

图 3.3　加入不同尺度噪声后的模型

（a）3040 个噪声点

（b）8054 个噪声点

（c）12928 个噪声点

图 3.4　本书方法光顺后的模型

　　为了进一步验证所提算法的性能，选用标准 Fandisk 模型。该模型共 6475 个正常数据点，在添加 5 dB 高斯噪声的基础上加入 1245 个随机分布的大尺度噪声点，如图 3.6 所示。选取基于模型 C 均值聚类双边滤波算法[55]、基于多尺度的密度分析法[59]和所提方法分别对 Fandisk 噪声模型进行光顺操作，光顺后的三角化模型图如图 3.7 所示。

图 3.5　原始模型

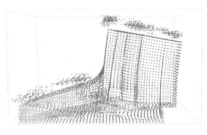

图 3.6　添加噪声后

（a）FCM＋双边滤波方法

（b）多尺度密度分析

（c）本书方法

图 3.7　不同去噪的三角化模型

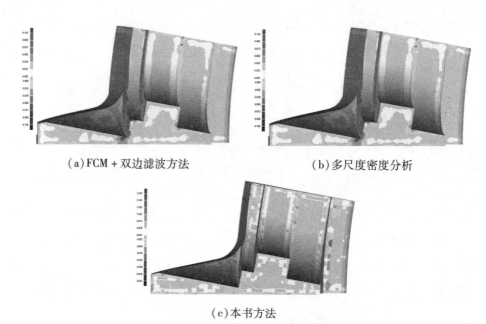

（a）FCM+双边滤波方法　　　　　　　　　（b）多尺度密度分析

（c）本书方法

图 3.8　不同方法去噪后模型与原模型的偏差色谱图

聚类算法和所提算法都能较好地保存模型的细节特征,所提算法耗时53 s,远小于聚类算法的 103 s,基于多尺度密度分析的方法处理速度最快,但无法保证模型的特征信息。模型边沿特征信息丢失严重,经 Geomagic 软件对滤波后与原始模型的偏差分析发现,基于 FCM 的双边滤波方法产生的最大误差最大,多尺度密度分析方法产生的标准差最大,而所提方法滤波后的最大误差为1. 7245E-2 mm,平均误差为0. 2145E-2 mm,优于基于 FCM 的双边滤波算法和多尺度密度分析算法,且所提方法运行速度相对较快。

表 3.1　滤波方法的误差及计算时间对比

方法	最大误差/mm	平均误差/mm	标准差/mm	计算时间/s
FCM+双边滤波	8.6198E-2	0.2486E-2	0.5376E-2	103
多尺度密度分析	6.5300E-2	0.3591E-2	0.8801E-2	49
本书方法	1. 7245E-2	0.2145E-2	0.4012E-2	53

3.3　基于空间栅格动态划分的点云精简

现主流精简方法是通过点云微分信息将点云数据划分为特征区和非特征区或平面区和非平面区[69][134],根据不同区域采用不同的精简策略,以实现在精简的同时较好地保留模型细节特征。但对于高密度的点云可能无法准确计算其微分信息,且点云微分信息值与 K 邻域的 K 值有关。不同的 K 值能得到不同特征值[115],继而无法准确识别特征区域,导致精简效果不佳,且当模型中含有噪声时,其计算结果的正确性更低。高密度的点云数据导致算法耗时长、计算的成本大。

因此,本节提出了一种基于动态栅格划分的点云精简算法。首先对模型进行动态空间栅格划分,以实现将平坦区域压入大间距栅格内,特征丰富区域划分到小栅格中;然后只需根据不同区域采用不同的精简策略,这样能够保证在精简的同时较好地保留模型的细节特征。针对小栅格内的点,引入高斯函数,降低远距离点对特征识别贡献的权重,综合曲面变化度和邻域法向量夹角信息共同识别特征点并保留,大栅格内的点根据栅格间距大小采用不同的采样率采样。

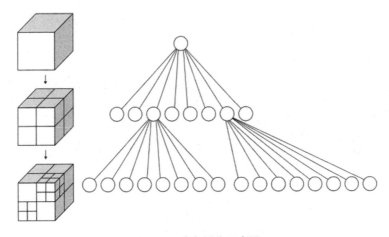

图 3.9　动态划分示意图

3.3.1　空间栅格动态划分

本书所提出的动态空间划分法非常类似于空间八叉树剖分,划分栅格的编码完全可以使用八叉树编码[135],与八叉树划分不同之处在于栅格动态细分条件。栅格动态划分分为初划分与细划分两个步骤,其中初划分的具体划分方式见 3.2.1 节。栅格的细划分是以各栅格内数据平整度为依据,因此,经多次动态细分后的结果是:点云模型的平坦区域将被划分到大栅格内,而模型的特征丰富区域则被细小栅格包围。

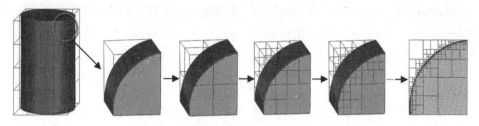

图 3.10 圆柱体某区域动态划分示意图

栅格内数据的平整度情况决定该栅格是否进一步划分。为保证栅格细分的准确性,将平整度定义为栅格内点云到拟合平面的最大距离,因此拟合平面的状况将直接影响到栅格划分情况。为了提高算法的抗噪能力,减少粗大误差数据点对平面拟合的影响,首先利用随机抽样一致性算法(Random Sample Consensus,RANSAC)剔除异常点(明显远离拟合平面的点)[136],再利用最小二乘法进行平面拟合,这样可保证绝大多数点参与平面的拟合,确保平整度计算的正确性。

具体细分方法如下所述:

***Step* 1** 基于 RANSAC 算法的平面拟合:任选一个含有点云数据的初始栅格,使用 RANSAC 和整体最小二乘法求得该栅格内点云的拟合平面。

(a)在栅格内任选非共线的 3 点,可计算该三点的拟合平面方程为 $z = ax + by + c$。

(b)计算栅格其他各点到上述平面的距离 $d_i = |ax_i + by_i + c - z_i| /$ $\sqrt{a^2 + b^2 + 1}$,并计算距离标准差 $\sigma = \sqrt{\dfrac{\sum_{i=1}^{k}(d_i - \overline{d})^2}{k-1}}$,其中 $\overline{d}$ 为平均距离。

(c)取阈值 $t = 2\sigma$,当 $d_i > t$ 时,表示该点为异常点,反之,则认为有效点,保留并统计个数 M。

(d)一般重复以上步骤 3 ~ 4 次,则可以获得足够多的有效数据,至此 RANSAC 算法结束,随后可以利用最小二乘法对有效数据进行平面拟合,求解拟合的平面方程 $z = ax + by + c$ 的参数。

***Step* 2** 平整度计算及细分判断:计算栅格内各点到最终拟合平面的距离 $d_{p_i} = (ax_i + by_i + c - z_i) / \sqrt{a^2 + b^2 + 1}$,定义距离差 $d_s = \max(d_{p_i}) - \min(d_{p_i})$ 为平整度,记平整度逻辑函数 $d_{flag} = d_s > d_{\text{threshold}}$,记栅格划分次数的逻辑值 $N_{flag} = n < N$,根据 d_{flag}、N_{flag} 的逻辑值进行相应操作。具体伪代码说明如下:

if d_{flag} = true ｛//此条件说明栅格内的数据起伏变化较大,栅格内含丰富特征信息。｝

if N_{flag} = *flase* ｛//栅格已被细分到最小间距,此栅格已经为最小栅格并对栅格编码,但栅格内含丰富特征信息,计算细小栅格内点云数据的法向量。｝

else ｛//说明此栅格并非最小间距栅格,栅格内的数据起伏变化较大,含丰富特征信息,对栅格进一步细分为 8 个子栅格并分别编码,具体编码方式参考八叉树编码,累加细分次数 n ++ ,返回 **Step 1** 重新计算各个子栅格平整度,再判断。｝

else ｛//此条件说明栅格内数据平整度较好,栅格数据基本处于同一平面内,停止细分,并对其编码。｝

重复操作 **Step 1**、**Step 2**,直到所有初始栅格全部处理。

3.3.2　特征点的筛选及保护

经动态栅格划分后,点云的特征丰富区域被划分至细小栅格内,平坦区域压入至间距相对较大的栅格内。点云精简的原则是尽可能保证模型的细微特征,为此需对细小栅格内的点云特征点进行提取并保护。

模型的特征点多为凹凸处,即在该区域内相邻点云的法向夹角和曲面曲率较大,文献[63]以曲面变化度 $H = \lambda_1 / (\lambda_1 + \lambda_2 + \lambda_3)$ 大小衡量是否为特征点,即 H 值越大则该点为特征点的可能性就越大,其中 λ_1、λ_2、λ_3 为半正矩阵 C 的特征值。

$$C = \begin{bmatrix} p_1 - \bar{p} \\ \cdots \\ p_k - \bar{p} \end{bmatrix}^T \begin{bmatrix} p_1 - \bar{p} \\ \cdots \\ p_k - \bar{p} \end{bmatrix} \tag{3.6}$$

$$\bar{p} = \frac{1}{k} \sum_{j=1}^{k} p_j \tag{3.7}$$

其中 $\{p_1, p_2, \cdots, p_k\}$ 为点 p_i 的邻域点集,可求解出矩阵 C 的特征值 λ_1、λ_2、$\lambda_3 (\lambda_1 \geqslant \lambda_2 \geqslant \lambda_3 > 0)$ 和特征向量 e_1、e_2、e_3,则该点 p 的法向量 $n_{Vector} = e_3$。

由式(3.7)可知 k 取值的大小会影响 λ_1、λ_2、λ_3 值,且各点之间的 H 值变化较小,则将较大程度降低特征识别的准确性。文献[83][137]通过使用数据点 p_i 与所有邻域点的法向夹角和识别特征点,即定义法向夹角和

$$W_{\theta_{ij}} = \frac{1}{k} \sum_{j=1}^{k} \theta_{ij} \tag{3.8}$$

$$\theta_{ij} = \arccos \left(\frac{n_{p_i} \cdot n_{p_j}}{|n_{p_i}| \times |n_{p_j}|} \right) \tag{3.9}$$

$W_{\theta_{ij}}$ 越大表示该点 p_i 为特征点的可能性就越大。由于法向量值也与 k 取值有关,单以法向夹角识别特征点的方法也存在一定缺陷。文献[67][84]验证了由于点云数据的不均匀性,可能存在部分非特征点与远距离点的夹角过大,则会产生特征点误判现象,并引入两点欧式距离的特征调节系数,即以两点之间单位距离上的法向夹角值代替夹角信息,通过降低远距离点对特征识别的贡献权重以提高识别的准确性和稳定性。

为提高特征点识别的准确性和稳定性,在综合文献[67]和文献[84]思路的基础上,将曲面变化度和邻域法向量夹角信息相结合共同确定特征点,即

$$C_i = \lambda_H H_i + (1 - \lambda_H) \frac{1}{k} \sum_{j=1}^{k} \theta_{ij} \times g(\| p_i - p_j \|) \tag{3.10}$$

其中 $g(\| p_i - p_j \|)$ 为高斯函数用于调节各点法向量夹角的权值,其本质思想与文献[67][84]的欧式距离权重类似,即距离点 p_i 越远的点对法向量夹角和的贡献就越小。当 C_i 大于设定阈值 $C_{Threshold}$,表示该点 p_i 为特征点,反之为非特征点。

3.3.3 精简策略

所提点云精简算法的基本思路是:不同间距栅格区域采用不同的精简策略。在特征丰富区域内强制保留特征点并随机采样其余点,平坦区域根据栅格间距的大小和栅格内点云的密度信息采用不同采样率的随机采样法。由于经动态栅格划分后,细小栅格的位置区域则是丰富特征区域,因此特征点的识别无须计算所有点的微分信息,这样在快速完成点云精简时还能保留模型的细微特征。

假设原始点云点数为 N_0,提取的特征点数为 N_{fp},细分次数为 N,各间距栅格数目为 N_{grid_i},点云精简率为 δ,精简后点云数为 $(1 - \delta) * N_0$,则各间距栅格随机采样率 δ_i 满足

$$\sum_{i=1}^{N} \delta_i = \frac{(1 - \delta) * N_0 - \varepsilon * N_{fp}}{N_{grid_i}} \tag{3.11}$$

间距大的栅格区域由于平坦型较好,可采用较低的随机采样率,而相对间距较小的栅格采用较大采样率采样,其中 $\varepsilon \in (0,1]$。当精简后点数小于或约等于检测到的特征点数时,根据精简率值保留部分特征点数 $\varepsilon * N_{fp}$。

3.3.4　算法的分析与改进

考虑到动态划分的随机性,可能会出现模型的边界正好处于两个大栅格之间,按上述计算方法将无法检测到该特征边界。为了避免此种错误,对所有大栅格取距离栅格中心点最近点云的法向量作为栅格法向量,计算相邻栅格法向量夹角;如果大于给定阈值 θ',则表示该栅格的相接处存在特征边界,随后在该区域内对特征点进行精确定位。

3.3.5　实验实例及分析

为了验证所提算法的有效性,选取标准 bunny 模型作为实验对象,采用 C ++ 语言在 VS2010 平台上实现精简算法,并且调用 OpenGL 库函数显示点云,具体精简效果如图 3.11 所示。

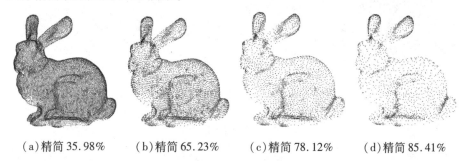

(a)精简 35.98%　　(b)精简 65.23%　　(c)精简 78.12%　　(d)精简 85.41%

图 3.11　bunny 模型精简效果

原始 bunny 模型有 34863 个数据点,检测特征点数 5642 点,为了避免在高精简率情况下非特征区域出现过精简现象(精简后出现空白区域),在精简率为 65.23% 和 78.12% 时,设参数 $\varepsilon = 0.8$,精简率为 85.41% 时,设参数 $\varepsilon = 0.6$,对特征信息点随机采样。从精简效果图可看出,所提算法在高精简率情况下能够较好地保留模型的特征信息。

为了进一步验证所提算法的精简效率,将所提方法与 Geomagic 内经典的点云精简方法进行比较,其中包括随机采样法、栅格法和曲率精简法,分别对 shell 模型进行不同程度的精简,如图 3.12 – 3.15 所示。

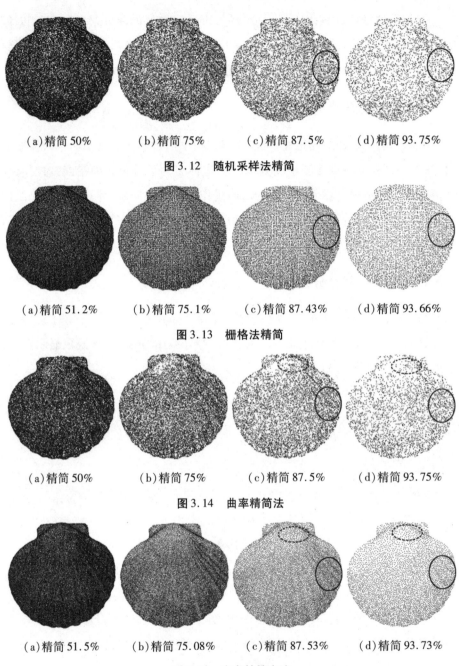

(a)精简50%　　　(b)精简75%　　　(c)精简87.5%　　　(d)精简93.75%

图3.12　随机采样法精简

(a)精简51.2%　　(b)精简75.1%　　(c)精简87.43%　　(d)精简93.66%

图3.13　栅格法精简

(a)精简50%　　　(b)精简75%　　　(c)精简87.5%　　　(d)精简93.75%

图3.14　曲率精简法

(a)精简51.5%　　(b)精简75.08%　　(c)精简87.53%　　(d)精简93.73%

图3.15　本书精简方法

由精简结果可知,随着精简率的提高,精简后模型的细微特征变模糊,特别是随机采样法和栅格法,在精简到87%左右时模型的细节特征丢失严重。曲率精简法在高精简率情况下,平坦区域出现过精简现象,如图3.14(c)和图3.14

（d）所示，相比其他三种精简方法，所提算法在精简率 87.53% 和 93.73% 时也能较好地保持模型细节特征且避免孔洞区域的出现。

为更客观地评估精简质量，引用文献［138］的评估方法，求精简后 shell 模型与原始模型的最大误差 $\Delta_{\max}(S, S^*) = \max_{p \in S} d(p, S^*)$ 和平均误差 $\Delta_{ave}(S, S^*) = \dfrac{1}{\|S\|} \sum_{p \in S} d(p, S^*)$，其结果如图 3.16 所示，其中 $d(p, S^*)$ 表示原始模型曲面 S 上点 p 到去噪点云曲面 S^* 上投影点 p^* 的欧式距离。

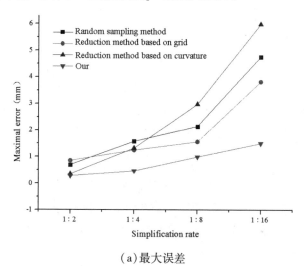

（a）最大误差

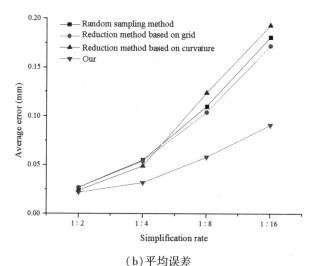

（b）平均误差

图 3.16　精简误差比较

最大误差和平均误差随着精简率的提高而增大，所提方法精简后产生的最大误差相对较平缓,在采样率为 1∶16(精简率 93.75%)时,所提方法产生的最大误差为 1.502 mm,远小于其他三种方法。

为了分析算法的抗噪声能力,在 bunny 模型的基础上分别添加了不同强度的高斯噪声并精简,计算精简 75% 后模型和原始模型的偏差值,以该偏差值作为衡量算法抗噪声干扰能力的指标。

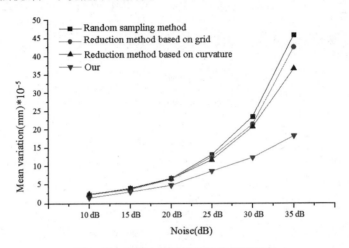

图 3.17　不同方法精简的平均偏差距离

当模型添加 30 dB 高斯噪声,随机采样法、栅格法和曲率精简法精简后模型与原模型的偏差急剧增加,如图 3.17 所示。由于随机采样法和栅格法本身就不具备抗噪声能力,当噪声强度较大时,精简后所留的点有可能是噪声点,因而偏差增加;曲率精简法由于噪声强度增加,曲率计算的准确性降低,继而使得模型的偏差增大。相比其他三种方法,所提算法产生的模型偏差相对较平缓,具有较好的抗干扰能力,在 35 dB 高斯噪声的影响下,所提算法产生的平均偏差为 $1.82 * 10^{-4}$ mm,为随机采样法和栅格法产生偏差的 40%、曲率精简法产生偏差的 50%。

3.4　本章小结

三维扫描设备所获取的数据不可避免地包含噪声点和大量冗余点,为了能够快速有效地滤除高密度、成片点云噪声簇且保留模型的细节特征,提出了一种基于空间栅格连通性分析的点云去噪算法。首先将二值图像中连通区域概念推广至点云空间栅格中,通过对点云模型进行空间六面体均匀分割,根据单元体内点云数据的密度信息构建了单元体的像素值;通过匹配相邻单元体的像素值大小建立了该单元体的连通区域;然后根据连通区域大小和相邻单元体密度信息综合判定该单元体是否为噪声单元体,以达到滤除大尺度噪声的目的;最后进一步使用双边滤波器对剩余的小尺度噪声进行滤除。实验结果表明,所提算法具有较好的鲁棒性,在滤除大尺度噪声的同时能够较好地保留模型的细节特征,能够满足含有高密度、成片点云噪声簇的大规模点云数据模型的滤波需求。

为了更为有效地精简点云数据,本书首先提出了一种动态栅格划分的点云精简算法,通过以栅格内部点云数据平整度为细分条件实现栅格动态细分,保证将模型的平坦区域压入间距为较大栅格内,特征丰富区域划分为细小栅格,为此只需查询细小栅格位置就可确定特征区域;然后针对特征点的提取,提出了一种综合曲面变化度和法向量夹角的点云特征提取算法,为提高特征点提取的准确性,引入了点云距离的高斯调节函数以降低远距离点对判断的权重,并分析了精简的策略和算法的不足及改进;最后选取 Geomagic 内集成的三种经典的点云精简方法,通过对比性实验分析,验证了所提算法的抗噪能力和鲁棒性。

第4章 基于点空间结构的点云特征提取

4.1 引言

碎片拼合的关键是准确地匹配特征信息。点云特征提取是碎片拼合的关键技术之一,而点云数据特征提取的关键问题是构造特征检测算子。现常规的特征检测方式是利用所有点云的曲率、法向量夹角等信息,而模型中大部分的点属于非特征点,这种检测方式将会浪费大量的计算时间。基于点云的微分信息检测方式在一定情况下会出现误判现象,其中基于法向量夹角的检测方式,因点云采样的随机性和非均匀性,可能会有部分远距离非特征点之间的法向夹角过大,从而导致特征点的误判现象[67][84];而基于曲率或曲面变化度的检测方式,由于模型中各点云的曲面变化度数值变化范围小,导致算法的细微特征识别能力低,且曲率、曲面变化度和法向量的计算值大小与邻域 K 的取值有关[115],易受异常点的干扰,这将较大程度上降低特征点识别的准确性。基于多尺度曲率、曲面变化度的检测方式虽能提高特征点识别的准确率,但对于海量的点云数据处理速度非常慢。

因此,本书提出了一种基于点空间几何结构的特征线提取方法,其特点是无须计算所有点的微分信息,就能初步区分模型的特征区与非特征区,进而只需在特征区域进行特征点提取,避免盲目、大量的计算。具体算法如下:首先使用第 3 章 3.3 节中的空间栅格动态划分方法将模型划分为特征丰富区和平坦区;然后只需在间距细小的栅格中进行特征点提取,避免计算大量非特征点的微分信息,从而提高处理速度;再针对细小栅格内的特征点提取问题,设计了一种新的特征检测算子——直线截距比特征检测算子,在分析相邻点之间的空间几何关系的基础上,提出了直线截距和直线截距比定义,根据两点之间的直线截距比值和其法向量之间夹角的关系,构建了特征点提取条件函数;接着使用Laplace 算子对提取出的特征点进行细化,通过折线生长法生成特征折线;最后通过非均匀有理 B 样条曲线拟合得到光滑的特征曲线。针对因点云的非均匀性可能会引起特征点误判的问题,引入关于点距的高斯函数,修正特征点提取条件函数;针对因生长点随机选取导致折线延伸方向与实际特征线偏差较大的问题,采用加权统计的方法生成折线图,对生长点邻域内各点的特征向量引入高斯权重函数,各方向分配不同的权值,并累加统计,避免只由单一的使用生长点决定,以保证折线延伸方向不会与特征曲线存在较大偏差。

4.2 常规特征提取方法

三维点云中点的法向量是其重要几何信息之一,常被用于描述点云模型的几何特征。在空间解析几何中垂直于平面的直线所表示的向量成为法向量,为此在点云数据中任选一点 p_i,在其邻域旁选取 k 点组成邻域 $N(p_i)$,则在该点 p_i 处用最小二乘法可拟合平面

$$S(\boldsymbol{n}, d) = \mathrm{argmin} \sum_{i=1}^{k} (\boldsymbol{n} \cdot x_i - d)^2 \tag{4.1}$$

其中 $\boldsymbol{n}$ 为平面 S 的法向量,d 为点到该拟合平面的距离。Hoppe 等[139]将该式的法向量求解转换成对协方差矩阵 C 的特征值分解,即根据邻域内点建立一个矩阵

$$C = \begin{bmatrix} p_1 - \bar{p} \\ \cdots \\ p_k - \bar{p} \end{bmatrix}^T \begin{bmatrix} p_1 - \bar{p} \\ \cdots \\ p_k - \bar{p} \end{bmatrix} \tag{4.2}$$

$$\bar{p} = \frac{1}{k} \sum_{j=1}^{k} p_j \tag{4.3}$$

其中 $\{p_1, p_2, \cdots, p_k\}$ 为点 p_i 的邻域点集,$\bar{p}$ 为该点集的中心点,因矩阵 C 为三价对称的半正定矩阵,必定存在特征值 λ_1、λ_2、λ_3($\lambda_1 \geq \lambda_2 \geq \lambda_3 > 0$)和相对应的特征向量 v_1、v_2、v_3,选择最小特征值对应的特征向量 v_3 作为平面 s 的法向量,即认定该点 p_i 处的法向量 $\boldsymbol{n}_i = v_3$,$H = \lambda_1 / (\lambda_1 + \lambda_2 + \lambda_3)$ 被称作曲面变化度。

| (a)bunny 点云模型 | (b)点云法相 | (c)局部情况 |

图4.1 bunny 模型

点与点之间的法向量夹角能够很好地反映曲面弯曲或平坦情况[55]，如上图 4.1 所示，为此部分学者采用法向量之间的夹角来提取特征点。此外，部分学者采用曲面变化度的大小衡量是否为特征点，即 H 值越大则该点为特征点的可能性就越大。

图 4.2　基于法向量夹角的特征点提取

另外，常见的特征提取方法是基于点云曲率信息。一般曲率的估计方法是基于二次曲面拟合邻域点集法，具体如下：首先以该点 p_i 为坐标原点，以该点法向量 n_i 为 Z 轴，建立 $u-v-z$ 的局部直角坐标系，$u-v$ 为两个正交的单位向量，并且与法向量 n_i 满足构成右手坐标系，则 p_i 邻域 $N(p_i)$ 内的点可以通过式（2.3）转换成新的坐标 (u,v,z)。

$$
A = T^{-1} R_x^{-1} R_y^{-1} = \begin{bmatrix} 1 & 0 & 0 & 0 \\ 0 & 1 & 0 & 0 \\ 0 & 0 & 1 & 0 \\ -x_i & -y_i & -z_i & 1 \end{bmatrix} \begin{bmatrix} 1 & 0 & 0 & 0 \\ 0 & \cos\alpha & -\sin\alpha & 0 \\ 0 & \sin\alpha & \cos\alpha & 0 \\ 0 & 0 & 0 & 1 \end{bmatrix}
$$
$$
\begin{bmatrix} \cos\beta & 0 & \sin\beta & 0 \\ 0 & 1 & 0 & 0 \\ -\sin\beta & 0 & \cos\beta & 0 \\ 0 & 0 & 0 & 1 \end{bmatrix} \tag{4.4}
$$

其中 α 为绕 x 轴正向旋转的角度，β 为绕 y 轴正向旋转的角度，为此在 p_i 处的曲面可表示为

$$S(u,v) = \sum_{j=0}^{2} \sum_{i=0}^{2} Q_{ij} u^i v^j = Q_{00} + Q_{10}u + Q_{01}v + Q_{11}uv + Q_{12}uv^2 + Q_{21}u^2v + $$

$$Q_{02}v^2 + Q_{20}u^2 + Q_{22}u^2v^2 = \begin{bmatrix} 1 & u & u^2 \end{bmatrix} Q \begin{bmatrix} 1 & v & v^2 \end{bmatrix}^T \tag{4.5}$$

其中 Q 为 3×3 的系数矩阵,该系数矩阵可通过最小二乘法求解出,就是使 $N(p_i)$ 内的点与该二次参数曲面的欧式距离值和最小。

在获得二次曲面参数方程后,可将曲面的第一基本形式和第二基本形式表示为

$$I = Edu^2 + 2Fdudv + Gdv^2 \tag{4.6}$$

$$II = Ldu^2 + 2Mdudv + Ndv^2 \tag{4.7}$$

其中 $E = S_u \cdot S_u, F = S_u \cdot S_v, G = S_v \cdot S_v, L = \boldsymbol{n} \cdot S_{uu}, M = \boldsymbol{n} \cdot S_{uv}, N = \boldsymbol{n} \cdot S_{vv}$, S_u、S_v、S_{uv}、S_{uu}、S_{vv} 是曲面的偏微分,再根据文献[140]可构建 Weingarten 曲率矩阵

$$W = \frac{1}{EG - F^2} \begin{pmatrix} LG - MF & ME - LF \\ MG - NF & NE - MF \end{pmatrix} \tag{4.8}$$

该矩阵的特征值为曲面的主曲率 k_1 和 k_2,而相对应的特征向量被称为主曲率方向,据此进一步可求解出高斯曲率 K 和平均曲率 H

$$K = k_1 \cdot k_2 = \frac{LN - M^2}{EG - F^2} \tag{4.9}$$

$$H = \frac{1}{2}(k_1 + k_2) = \frac{EN - 2FM + LG}{2(EG - F^2)} \tag{4.10}$$

$$k_1 = H + \sqrt{H^2 - K} \tag{4.11}$$

$$k_2 = H - \sqrt{H^2 - K} \tag{4.12}$$

图 4.3　根据曲率大小提取的特征点

4.3 基于点空间结构的特征点提取

常规特征检测算子多是利用局部曲率、法向量夹角等微分信息,但由于各点的曲面变化度的函数值较小,限制了细微特征点的提取能力[63],且曲率数值大小与邻域 k 的取值有关,易受异常点的干扰,这将较大程度降低特征识别的准确性;而基于法向量夹角的检测方式,会因为点云的非均匀性,导致部分远距离非特征点之间的法向量夹角过大,从而导致特征点误判现象[67][84]。因此,以局部曲率或法向量夹角等信息来甄别特征点都存在一定的缺陷。为提高特征点识别的准确性和稳定性,本章提出了一种新的点云特征检测算子——直线截距比的特征检测算子。该检测算子以法向量为基础,具体如图 4.4 所示,其值大小只受法向量的指向影响,与法向量的大小无关,且可避免对法向量方向的校正过程,从而节省了计算成本。另外,因两点之间的直线截距比具有有序性,只需计算一次截距比,就可判定哪一点为特征点或是否存在特征点,且算子本质上是基于两点之间直线截距比值的对数值,其数值变化范围远大于曲面变换度。从理论上讲,该算子具备更强的细微特征识别能力。

4.3.1 点空间结构

特征点的几何信息往往与其他邻域内的点不同,为此可通过点的局部几何信息来筛选特征点。假定点 p_j 为待检测点,在其邻域内任意选取一点 p_i,取点 p_j 的法向量方向为纵坐标,取 p_i 到 p_j 法向量的垂线为横坐标,建立直角坐标系,连接 p_ip_j 两点的直线,取直线的纵截距定义为点 p_j 的直线截距 $d_{p_{ji}}$,如图 4.4 所示,其中各点法向量是通过经典的主成分分析法(principal component analysis, PCA)[139]计算所得。

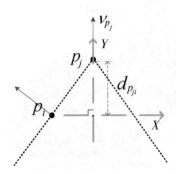

图 4.4 直线截距的示意图

其中 $d_{p_{ji}}$ 的数值大小为直线 p_ip_j 的纵截距,即向量 $\overrightarrow{(\boldsymbol{p}_i-\boldsymbol{p}_j)}$ 在单位法向量 $\overrightarrow{\boldsymbol{n}_{p_j}}$ 上的投影,具体可以表示为

$$d_{p_{ji}}=\frac{\overrightarrow{\boldsymbol{n}_{p_j}}\cdot\overrightarrow{(\boldsymbol{p}_i-\boldsymbol{p}_j)}}{\parallel\overrightarrow{\boldsymbol{n}_{p_j}}\parallel}\tag{4.13}$$

所提出的直线截距 $d_{p_{ji}}$ 本质上是点 p_i 到 p_j 的切平面距离 $d_{p_jp_i}=\parallel p_j-p_i\parallel$,为此可用于衡量点 p_j 处潜在曲面的弯曲程度,即 $d_{p_{ji}}$ 的值越大,则在点 p_j 处的潜在曲面越弯曲。

假定 p_0 为特征点,p_1、p_2 都为非特征点,则两点之间的直线截距大小就有多种情况,具体如图 4.5 所示。(1)当两点之间只有一点为特征点,即 p_0 为特征点,p_1 为非特征点,如图 4.5(a)和 4.5(b)所示,$d_{p_{01}}\neq d_{p_{10}}$,且 $d_{p_{01}}\gg d_{p_{10}}$;(2)如果特征点处越尖锐,邻域内的点到该点的直线截距就越大,如图 4.5(c)所示,即 $d_{p_{01}}'>d_{p_{01}}$;(3)当 p_1p_2 都属于非特征点,因两点基本处于同一平面上,其各自的直线截距的数值较小且基本相等,即 $d_{p_{12}}\approx d_{p_{21}}$。

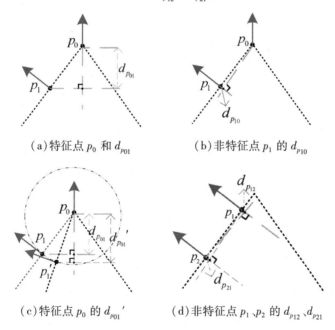

(a)特征点 p_0 和 $d_{p_{01}}$　　　　　(b)非特征点 p_1 的 $d_{p_{10}}$

(c)特征点 p_0 的 $d_{p_{01}}'$　　　　　(d)非特征点 p_1、p_2 的 $d_{p_{12}}$、$d_{p_{21}}$

图 4.5　不同情形下两点之间的直线截距

4.3.2　特征点提取算子

综上所述,点与点之间直线截距是具有方向性的,即一般情况下 $d_{p_{ji}}$ 与 $d_{p_{ij}}$ 并

不相等,为了更好地表征二者关系,本书将这二者的比值定义为直线截距比,则 p_j 与 p_i 的直线截距比为

$$r_{ji} = \frac{d_{p_{ji}}}{d_{p_{ij}} + \xi} \qquad (4.14)$$

其中 ξ 为细小常数,防止当 $d_{p_{ij}} = 0$ 时,式子不成立而设,一般可取值 $\xi = 0.0001$。为此,不同点之间的直线截距比则有以下情形:

(1)当 p_j 和 p_i 中有一点为特征点时,即两点之间的法向量夹角相差较大,如果点 p_j 为特征点,p_i 为非特征点,则 $d_{p_{ji}} \gg d_{p_{ij}}$,截距比 $r_{ji} \to \infty$,点 p_j 处越尖锐,该趋势越明显;反之,当点 p_j 为非特征点,p_i 为特征点,则 $d_{p_{ji}} \ll d_{p_{ij}}$,$r_{ji} \to 0$。同理,当点 p_i 处越尖锐,其趋势越明显。

(2)当 p_j 和 p_i 都为非特征点,即两点之间的法向量夹角相差非常小,则 $d_{p_{ji}} \approx d_{p_{ij}}$,$r_{ji} \approx r_{ij} \approx 1$,具体情形如表4.1所示。

表4.1 不同情形下两点之间的直线截距比

类型	具体条件	结论
$\theta_{p_{ij}}$ 夹角较大	如果 $d_{p_{ji}} \gg d_{p_{ij}}$,那么 $r_{ji} \to \infty$; $\mid \ln r_{ji} \mid \gg 0$;$\ln r_{ji} > 0$	p_j 为特征点,p_i 为非特征点。
	如果 $d_{p_{ji}} \ll d_{p_{ij}}$,那么 $r_{ji} \to 0$; $\mid \ln r_{ji} \mid \gg 0$;$\ln r_{ji} < 0$	p_i 为特征点,p_j 为非特征点。
$\theta_{p_{ij}}$ 夹角较小	如果 $d_{p_{ji}} \approx d_{p_{ij}}$,那么 $r_{ji} \approx r_{ij} \approx 1$; $\mid \ln r_{ji} \mid \approx 0$;$\ln r_{ji} \approx 0$	p_i、p_j 都为非特征点。

因此,直线截距比的对数值可表示两点之间法向量夹角的大小情况。即如果 $\mid \ln r_{ji} \mid$ 数值较大,则可表示两点之间的法向量夹角较大,且 $\ln r_{ji} > 0$,表示 p_j 为特征点,p_i 为非特征点;如果 $\mid \ln r_{ji} \mid \approx 0$,则表示两点之间的法向量夹角很小,两点基本处于同一平面,即都为非特征点。

(3)当 p_j 和 p_i 为特征点时,都在同一个特征区域且相邻很近,则同样存在 $d_{p_{ji}} \approx d_{p_{ij}}$,$r_{ji} \approx r_{ij} \approx 1$,$\mid \ln r_{ji} \mid \approx 0$。为此,单根据两点之间 $\mid \ln r_{ji} \mid$ 的值来识别特征点,可能会存在特征误判情况。

因此,需综合邻域内所有点 $p_i (i = 1, 2, \cdots, k; i \neq j)$ 与待检测点 p_j 之间的直线截距比才能判定是否为特征点,具体如公式(4.15)所示。设定特征筛选阈值 δ,则点 p_j 是否为特征点应满足条件

$$p_j = \left\{ p \in N_p \left| \frac{1}{k} \sum_{i=1}^{k} |\ln r_{ji}| > \delta \right. \right\} \tag{4.15}$$

此处 k 值与前文 PCA 算法中邻域大小保持一致,即 $k \in [8,32]$,本节统一设定 $k=16$。由于点云数据分布的随机性和非均匀性,单以式(4.15)形式可能会导致特征点的误判,如图 4.6 所示,p_1、p_2 都属于非特征点,p_0 为特征点,根据定义可计算出直线截距比 $d_{p_{20}} \approx d_{p_{02}}$,则 $|\ln r_{02}| \approx 0$。如果在 p_0 的邻域内存有过多类似 p_2 这种远距离点,而类似 p_1 的近距离点过少,根据式(4.15)将特征点 p_0 误判为非特征点。

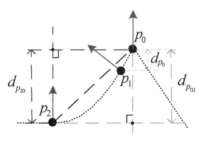

图 4.6　误判现象

该问题同样存在基于法向量夹角的检测方式,为解决这一问题部分学者引入两点欧式距离来调节不同距离点之间的法向量夹角值[84],即用两点之间单位距离上的法向夹角来代替法向量夹角。为此引入关于点距的高斯函数来修正不同距离点的直线截距比值,通过这种非线性处理方式,进一步减少远距离点对特征识别的贡献,增加近距离点的权重,即式(4.15)可表示为

$$p_j = \left\{ p \in N_p \left| \frac{1}{k} \sum_{i=1}^{k} [g(\|\boldsymbol{p}_i - \boldsymbol{p}_j\|) * |\ln r_{ji}|] > \delta \right. \right\} \tag{4.16}$$

其中 $g(\|p_i - p_j\|) = \exp\left(-\dfrac{\|\boldsymbol{p}_i - \boldsymbol{p}_j\|}{d_{\max}^2}\right)$

为高斯函数用于调节各直线截距比的权值,$d_{\max}$ 为待测点 p_j 与邻域内的点之间的最大的欧式距离,其中阈值 $\delta \in (2,8)$,具体数值大小根据实验所得,一般可设定 $\delta = 5$,具体分析如 4.4.2 小节所述。

图 4.7　所提算法提取的特征点

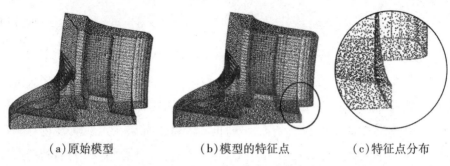

(a)原始模型　　　　　　(b)模型的特征点　　　　　(c)特征点分布

图 4.8　所提算法在 Fandisk 模型的特征点及其分布

4.3.4　特征曲线的生成及拟合

由直线截距比检测出的特征点是无序的,不包含任何拓扑结构信息,为此还需连接成折线继而拟合成光滑的曲线。常见的折线生长算法是随机选择一点 p 作为初始生长点,如图 4.9 所示,在半径 r 的邻域圆内利用 PCA 算法计算 p 点的特征值($\lambda_1,\lambda_2,\lambda_3$)和特征向量($v_1,v_2,v_3$)。假设 $\lambda_1 \geqslant \lambda_2 \geqslant \lambda_3$,取最大特征值 λ_1 所对应的特征向量 v_1 和该点 p 的坐标构建空间直线 L_1,邻域内其余的点全部投影到直线 L_1 上,选取投影最远端的两个点 p_j 和 p_k 作为新的生长点,从而形成特征点的折线集 $\{L_i | i = 1,2,\cdots\cdots,n\}$,最后采用其他相关拟合算法对折线进行拟合平滑。

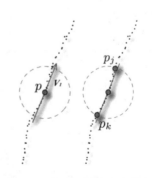

图 4.9　常见的折线生长算法

由于检测出的特征点绝大多数分布在特征曲线的左右而非在特征线上,如按上述方法生成折线,可能会使生成的特征折线偏离原特征线,导致折线延伸的方向会与真实特征线的方向偏差太大。造成这种现象的原因主要有两个:一是初始生长点 P 选取的随机性,可能选取的点是距离特征线中心较远的边界点;二是选择生长点正好落在曲线的折角处,这时所计算的特征向量方向会与特征线方向出入较大。

针对第一个原因本书首先选用文献[141]的方法对特征点集进行细化处理,即采用 Laplace 算子进行迭代平滑细化,使特征点更为紧密地靠近特征线,点 p_i 的位置由邻域内点加权的平均值替换,即

$$p_i' = p_i + \Delta p_i \tag{4.17}$$

$$\Delta p_i = \frac{1}{\sum_{k=1}^{K} H(p_k)^2} \sum_{k=1}^{K} H(p_k)^2 (p_k - p_i) \tag{4.18}$$

其中 p_i' 是点 p_i 的新坐标,$H(p_k)$ 是点 p_k 的曲率值,对于特征点集中的每个点,迭代细化步骤如下:

***Step* 1**　查找点 p_i 的 K 个邻域点;

***Step* 2**　根据 PCA 计算邻域内各点的曲率值,进一步根据式(4.17)、式(4.18)计算 p_i';

***Step* 3**　如果 $\| p_i' - p_i \| \le \alpha$,结束;否则,将 p_i' 赋值与 p_i,并转 ***Step* 1**,其中 α 为自定义的参数,$\| p_i' - p_i \|$ 为两点之间的欧式距离。

针对第二个原因本书采用加权统计的方法,即折线延伸的方向由邻域内不同权重的点共同决定,而非生长点 p 的特征向量 v_1 的方向,这样可保证折线生长的方向尽可能地贴近特征曲线,即折线延伸方向可表示为

$$v_g = \sum g(\| p_i - p \|) * \frac{v_i}{\| v_i \|} \tag{4.19}$$

其中 $g(\| p_i - p \|)$ 为高斯函数用于调节各点的特征向量 v_i 的权值,折线延伸方向 v_g 以 v_1 为主要方向,邻域内其余点根据距离不同以不同权值对其进行修正,距离点 p 越近的点其权值越大,反之则越小,这样能够保证生成折线的延伸方向尽量贴近特征曲线。

上述生成的特征曲线实际上是由一段段折线连接形成的,为了使特征曲线更为光滑,通常采用非均匀有理 B 样条(non uniform rational B-spline, NURBS)[142]曲线拟合方法使曲线更为光滑。该方法首次由 Versprille 博士提出,随后有大部分学者对该方法进行深入研究[143-149],使该方法在理论上与实用上逐步趋向成熟。该方法将描述自由型曲线曲面的 B 样条方法与精确表示二次曲线与二次曲面的数学方法相互统一,形成定义方面的强大功能与潜力。

一条 k 次 NURBS 曲线其数学定义为

$$p(u) = \frac{\sum_{i=0}^{n} \omega_i p_i N_{i,k}(u)}{\sum_{i=0}^{n} \omega_i N_{i,k}(u)}, 0 \leqslant u \leqslant 1 \qquad (4.20)$$

其中 n 为点的数量，u 为节点矢量，p_i 为控制点，用于确定曲线的位置；ω_i 为权因子，用于确定控制点的权值，该权因子越大，曲线就越接近控制点；$N_{i,k}(u)$ 为 k 次样条基函数，其数学表达式可表示为

$$\begin{cases} N_{i,k}(u) = \begin{cases} 1 & u_i \leqslant u \leqslant u_{i+1} \\ 0 & \text{其他} \end{cases} \\ N_{i,k}(u) = \frac{(u - u_i)N_{i,k-1}(u)}{u_{i+k} - u_i} + \frac{(u_{i+k+1} - u)N_{i+1,k-1}(u)}{u_{i+k+1} - u_{i+1}} \end{cases} \qquad (4.21)$$

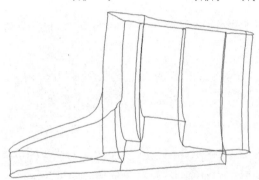

图 4.10　Fandisk 模型的特征曲线

4.4　实验结果与分析

4.4.1　算法的有效性验证

试验首先采用标准的 Fandisk 模型作为实验对象，该模型的结构简单，特征边、点分明，模型中既存在尖锐特征也有细微特征。首先分别对该模型加入 20 dB 高斯白噪声和随机采样精简 60% 处理，然后使用所提方法对原模型、加噪后的模型和随机精简后的模型进行特征点提取。本次实验算法的参数 $d_t = 3$ mm，栅格法式夹角 $\theta'_t = 10°$，特征筛选阈值 $\delta = 5$，具体实验结果如图 4.11 所示。

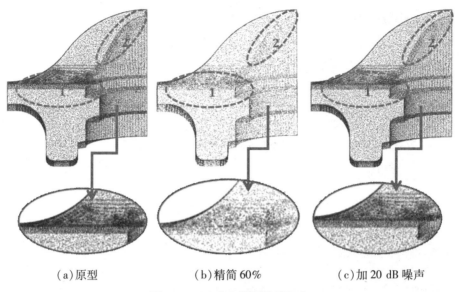

（a）原型　　　　　　　（b）精简 60%　　　　　（c）加 20 dB 噪声

图 4.11　Fandisk 模型的特征点

由试验结果可知,精简后、加噪后 Fandisk 模型的边界特征点都能较好地被提取出来,且边界线连续可辨别,说明所提算法对于相同曲面、不同采样密度的模型均能获得较好的特征提取效果。从对精简后模型的实验结果可知,该算法可完整地提取出边界特征点,但由于随机采样精简并不具备特征点保留特性,因此所能提取出的特征点数相对减少,如图 4.11(a)与图 4.11(b)所示。当模型加入 20 dB 噪声后,算法因受到高强度噪声的干扰,在模型第 1 区域将小部分非特征点误判为特征点,如图 4.11(c)所示,但模型中的细微特征还是被较好地提取出,如图 4.11(c)中的第 2 区域所示,表明所提算法具备一定的抗噪声干扰能力。

为了进一步验证所提算法的可行性及普适性,实验模型采用扫描设备为 HandySCAN 手持式扫描仪扫描获得,扫描分辨率设置为 0.5 mm。如前面实验一样,首先对模型进行随机采样精简,相比较原模型,精简后模型的特征线条变得更为平滑,然后使用所提方法分别对原始模型和精简后模型的特征线进行提取,其中平整度阈值需人机交互设定。本次设定为 $d_t = 3$ mm,栅格法式夹角 $\theta'_t = 10°$,特征筛选阈值 $\delta = 5$,其具体实验结果如图 4.12 - 4.14 所示。

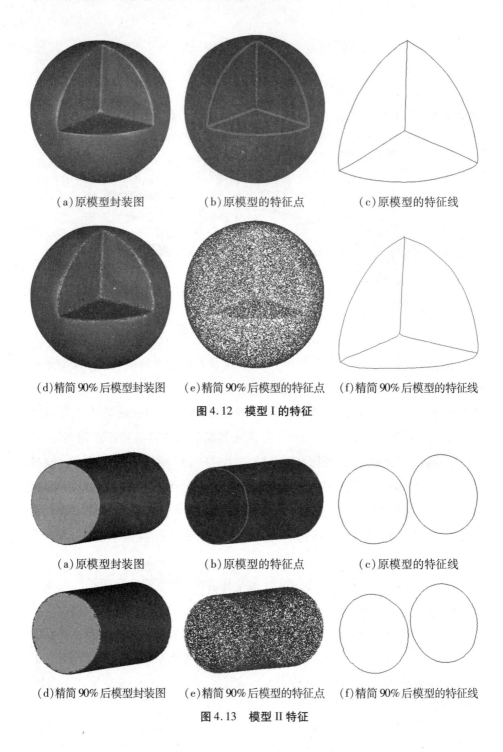

(a)原模型封装图　　(b)原模型的特征点　　(c)原模型的特征线

(d)精简90%后模型封装图　(e)精简90%后模型的特征点　(f)精简90%后模型的特征线

图4.12　模型 I 的特征

(a)原模型封装图　　(b)原模型的特征点　　(c)原模型的特征线

(d)精简90%后模型封装图　(e)精简90%后模型的特征点　(f)精简90%后模型的特征线

图4.13　模型 II 特征

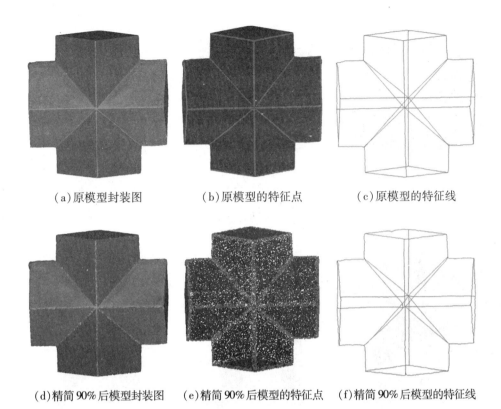

(a)原模型封装图　　(b)原模型的特征点　　(c)原模型的特征线

(d)精简 90% 后模型封装图　(e)精简 90% 后模型的特征点　(f)精简 90% 后模型的特征线

图 4.14　模型 III 特征

　　对比实验结果,相比原模型,在精简后模型中所筛选出的特征点分布更为宽广,特别是在各曲面边界的交汇处,但最终均能获得较好的边界线条,说明算法对相同结构、不同密度的模型是有效的。由于上述模型的结构相对简单,各特征线、特征点的区分度较大,因此,为了进一步验证算法的有效性和普适性,采用结构特征更为丰富的模型 IV 和标准 Armadillo 模型,其中模型 IV 有261859 个数据点,Armadillo 模型有 172974 个数据点。模型 IV 属于人工加工零件,其特征线条流畅尖锐且相邻较近,Armadillo 模型的特征线条粗细分布无序,具体提取效果如图 4.15 – 4.16 所示。由实验结果可知,所提算法对于不同结构、不同采样密度的模型均可获得较好的特征提取效果,验证了算法的有效性,表明了算法具有较好的普适性。

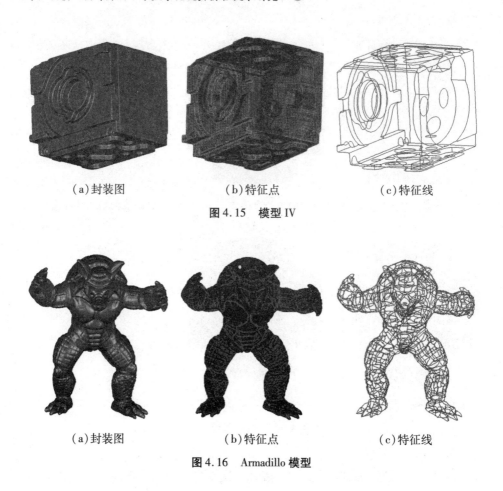

（a）封装图　　　　　　（b）特征点　　　　　　（c）特征线

图 4.15　模型 IV

（a）封装图　　　　　　（b）特征点　　　　　　（c）特征线

图 4.16　Armadillo 模型

4.4.2　算法参数的分析

所提算法主要参数为特征值筛选阈值 δ，为研究其取值大小对实验结果的影响，在此选用十字长方体模型和工件模型，具体封装图如图 4.17 所示。实验设定 δ 的值由 10 逐步减少到 1，具体实验结果如图 4.18 - 4.19 所示。δ 值越大所筛选出的特征点数越少，δ 值越小所能提取出的特征点越多；$\delta = 10$ 时，模型的部分显著特征都无法提取出，所标识出的特征点无法表征模型的形状；当 $\delta < 2$ 时，存在大量误识别现象，在 $\delta \in (2,8)$ 范围内，所能提取出的特征点能够较好地体现模型特征。经实验结果表明，一般实际应用都可设定 $\delta = 5$。

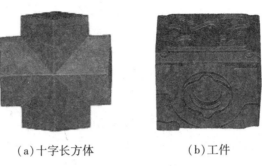

（a）十字长方体 （b）工件

图4.17 模型原型的封装图

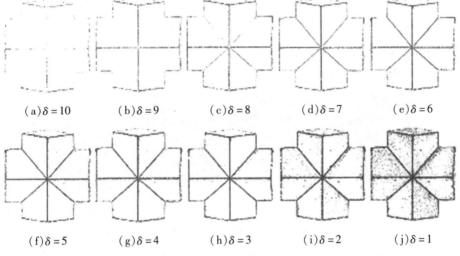

（a）$\delta = 10$ （b）$\delta = 9$ （c）$\delta = 8$ （d）$\delta = 7$ （e）$\delta = 6$

（f）$\delta = 5$ （g）$\delta = 4$ （h）$\delta = 3$ （i）$\delta = 2$ （j）$\delta = 1$

图4.18 不同筛选阈值δ下所提取出的十字长方体模型的特征点

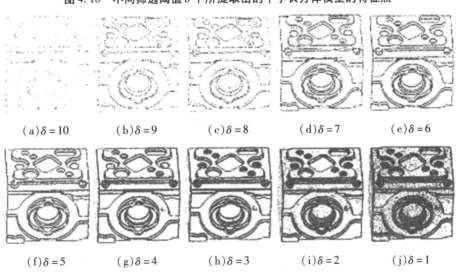

（a）$\delta = 10$ （b）$\delta = 9$ （c）$\delta = 8$ （d）$\delta = 7$ （e）$\delta = 6$

（f）$\delta = 5$ （g）$\delta = 4$ （h）$\delta = 3$ （i）$\delta = 2$ （j）$\delta = 1$

图4.19 不同筛选阈值δ下所提取出的工件模型的特征点

4.4.3 算法的性能分析

特征点的筛选是特征线提取的核心工作,特征筛选算子的性能直接影响特征线提取的精准性,为此本书首先分析特征筛选算子的鲁棒性能和对细微特征甄别的能力。将基于多尺度曲面变换度提取方法(MSSV)[75]、基于统计分布的法向量夹角特征检测方法(SM-PD)[84]与所提算法进行对比分析,其中三种算法涉及的邻域大小统一设置为 $k=16$,所提算法的特征筛选阈值 $\delta=5$,MSSV 的多尺度阈值 $\sigma=20$,SM-PD 的夹角阈值 $\gamma=0.1$。实验模型选取既有细微特征又存在边界棱角分明的汽车模型。该模型共 281653 个非均匀分布的点,在模型中加入不同强度的零均值高斯白噪声,所加入的噪声强度从 0 dB 以 5 dB 为步长依次增加到 15 dB,具体实验结果如图 4.20 – 4.22 所示。

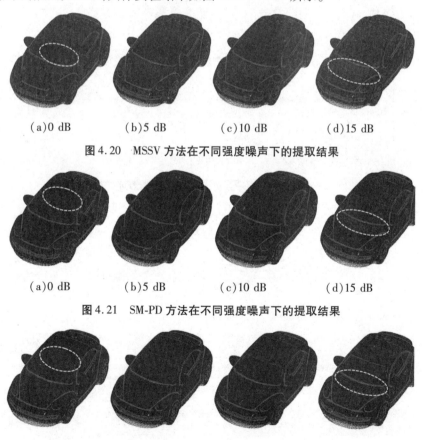

(a)0 dB   (b)5 dB   (c)10 dB   (d)15 dB

图 4.20　MSSV 方法在不同强度噪声下的提取结果

(a)0 dB   (b)5 dB   (c)10 dB   (d)15 dB

图 4.21　SM-PD 方法在不同强度噪声下的提取结果

(a)0 dB   (b)5 dB   (c)10 dB   (d)15 dB

图 4.22　本书方法在不同强度噪声下的提取结果

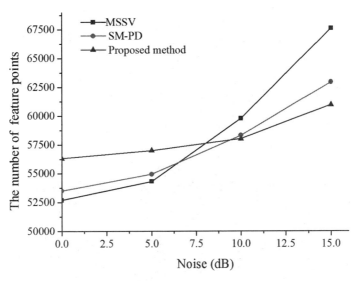

图 4.23　不同强度噪声下提取的特征点数

由实验结果可知,随着噪声强度的增加,三种方法均将部分噪声点误判为特征点,如图 4.20 - 4.22 所示,但相对其他两种方法,所提算法所提取出的特征点的数量增长相对缓慢,表明该算法随着噪声强度增加时,其误判率相对更低,即对噪声抗干扰能力更强,如图 4.23 所示。由于 MSSV 方法采用曲面变化函数值为甄别条件,其数值变化范围小,从而导致区分度不够,为此 MSSV 方法在无噪声干扰时,模型中的部分细微特征无法提取出,如图 4.20 所示,且曲面变化度函数易受噪声干扰,在噪声强度增加时,会将大量的非特征点误判为特征点。而所提方法在无噪声干扰时,却能较完整地识别出模型中的细微特征点,相比于 SM-PD 方法和 MSSV 方法,所提方法提取的特征点数更多,特征线条更为完整。在噪声强度由 0 dB 增加到 15 dB 的过程中,所提算法识别的特征点数增加了 4633 点,小于 SM-PD 的 9431 及 MSSV 的 14899,表明所提方法具有更强的抗噪能力。

为了进一步分析该算法的性能,选取 172974 个数据点的 Armadillo 模型作为实验对象,并采用随机抽样方法对其进行了不同程度的简化,如图 4.24 所示,实验参数 $\theta'_t = 10°, \delta = 5$。对比所提方法与 MSSV 和 SM-PD 算法对该模型特征线的提取效果,并记录了算法的运行时间,实验结果如图 4.25 - 4.27 所示。

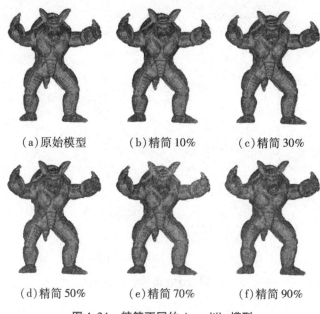

(a) 原始模型　　　　(b) 精简 10%　　　　(c) 精简 30%

(d) 精简 50%　　　　(e) 精简 70%　　　　(f) 精简 90%

图 4.24　精简不同的 Armadillo 模型

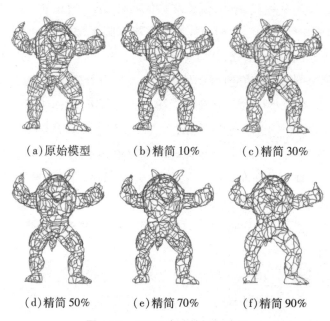

(a) 原始模型　　　　(b) 精简 10%　　　　(c) 精简 30%

(d) 精简 50%　　　　(e) 精简 70%　　　　(f) 精简 90%

图 4.25　MSSV 方法的提取结果

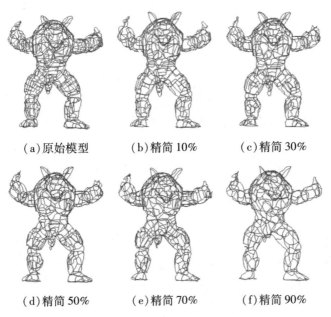

(a)原始模型　　　(b)精简 10%　　　(c)精简 30%

(d)精简 50%　　　(e)精简 70%　　　(f)精简 90%

图 4.26　基于 SM-PD 方法的提取结果

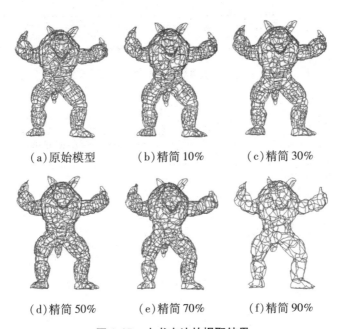

(a)原始模型　　　(b)精简 10%　　　(c)精简 30%

(d)精简 50%　　　(e)精简 70%　　　(f)精简 90%

图 4.27　本书方法的提取结果

随着简化率的提高,三种特征提取算法所提取的特征点数量也相应减少,但本书方法所提取的特征点数量明显大于 MSSV 和 SM-PD 算法(见图 4.28)。

所提方法从原始模型中提取了 39784 个特征点,所耗时间为 224.42 ms,明显少于 MSSV 算法的 530.23 ms 和 SM-PD 算法的 350.75 ms。但当模型中点的数目减少 90% 时,该方法可以提取 21356 个特征点,约为 MSSV 方法的 6.66 倍,是 SM-PD 方法的 3.92 倍。这意味着该方法具有更强的细微特征提取能力,而计算时间为 61.43 ms,占 MSSV 方法的 39.88%,略大于 SM-PD 算法。

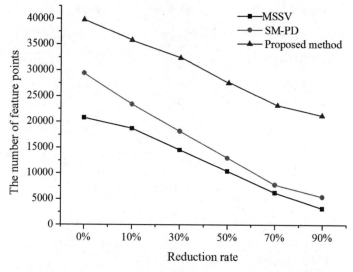

（a）特征点数

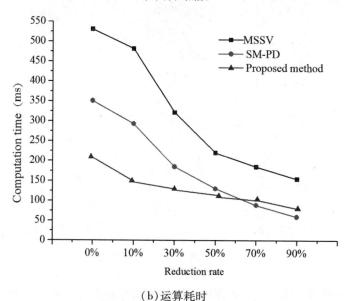

（b）运算耗时

图 4.28 特征点数及运算耗时

由于 MSSV 方法基于多尺度的表面变化，并且表面变化的数值范围较小，因此其细微特征识别的能力相对较弱，和 SM-PD 方法一样，其特征的提取需要计算所有点的微分信息，为此需要消耗较长的计算时间。

所提算法首先采用空间栅格动态划分方法以区分特征区域和非特征区域，而后只需在特征区域中提取特征点即可，这可避免大量非特征点的微分计算，从而节省大量运算时间。但由于特征区域的初步定位需要一定的时间，当模型的点云点数不多时，所提方法的耗时量约大于 SM-PD 方法。随着点数的增加，所提方法比 MSSV 和 SM-PD 花费的时间要少很多。

4.5　本章小结

本章提出了一种新的点云特征检测算子——直线截距比特征检测算子。首先根据相邻点云之间的几何关系引出了直线截距及直线截距比的定义，然后建立了特征点筛选的条件函数。考虑到点云采样的随机性和非均匀性，引入关于点距的高斯函数用于调节各直线截距比的权值，降低远距离点对特征筛选的权重以提高特征识别的准确性和稳定性。相比基于法向夹角的检测方式，由于直线截距比的有序性，从理论上讲，仅需计算一次两点之间的直线截距比就可确定特征点或是否存在特征点。最后通过实验验证了所提算法的有效性。从对比性实验的结果可知，随着噪声强度的增加，所提算法所识别出的特征点的数量变化相对缓慢，表明本书方法具备更强的抗噪能力；对于不同密度的 Armadillo 模型，所提方法所提取出的特征点均能较好地表征出模型原貌，表明所提算法的特征点甄别能力优于其他两种。

第5章　部分边缘缺损的三维薄壁碎片自动拼合

5.1　引言

文物碎片根据断裂面的薄厚程度可划分为薄壁碎片和厚壁碎片两类,其中薄壁碎片由于断裂面积较小,其匹配特征只能依据断裂面的轮廓曲线特征,即可将该类问题转换成空间曲线匹配问题。另外,由于薄壁碎片质地轻、易碎,其轮廓边缘可能存在部分缺失,特别是经历过风、水等外部因素侵蚀过的文物碎片,边缘信息缺失更为严重。因此,如何解决部分特征缺失的空间曲线匹配是本章的核心工作。

5.2　轮廓曲线的提取

散乱点云中的特征点可以分为尖锐点和边界点,而轮廓曲线多由边界点组成,为此可利用4.3节方法提取点云的特征点,然后只需在特征点中筛选出边界点,就可实现轮廓曲线的提取。若点云中任意一个采样点的邻域分布偏向一侧,则可认为该点为边界点,反之为内部点,具体如图5.1所示,图中点 p_0 为采样点,点 p_i 为其最邻近点。据此可根据采样点与其邻域点的分布特征来判别边界点。

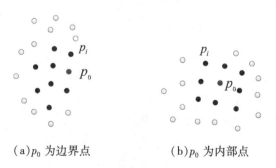

（a） p_0 为边界点　　　　　（b） p_0 为内部点

图5.1　边界点的判别

对点云中任意采样点 p_0,其最邻近点集为 $p_i \in P (i = 1, 2, \cdots, N)$,根据式(4.4)可求解出该点 $p_0(x_0, y_0, z_0)$ 处的参数化曲面

$$S(u,v):\begin{cases} x = x(u,v) \\ y = y(u,v) \\ z = z(u,v) \end{cases} \tag{5.1}$$

设 $x_0 = x(u_0, v_0)$, $y_0 = y(u_0, v_0)$, $z_0 = z(u_0, v_0)$, $p_0(x_0, y_0, z_0)$ 为曲面上一点, 则由方程 $x = x(u,v)$ 和 $y = y(u,v)$ 在点 $p_0(x_0, y_0, z_0)$ 附近能确定隐函数(即 x 和 y 的逆映射) $u = u(x,y)$, $v = v(x,y)$, 则 S 在 $p_0(x_0, y_0, z_0)$ 的切平面方程为

$$\frac{\partial(y,z)}{\partial(u,v)}\bigg|_{(u_0,v_0)} (x - x_0) + \frac{\partial(z,x)}{\partial(u,v)}\bigg|_{(u_0,v_0)} (y - y_0) + \frac{\partial(x,y)}{\partial(u,v)}\bigg|_{(u_0,v_0)} (z - z_0) = 0$$
$$\tag{5.2}$$

将 p_0 及其最邻近点全部投影到该点切平面上, 且可组成 $\overrightarrow{p_0 p_i}(i = 1, 2, \cdots, k)$, 如图 5.2 所示, 计算向量之间的角度 $\theta_i(i = 1, 2, \cdots, k - 1)$。如果 p_0 为内部点, 则在切平面内相邻向量 $\overrightarrow{p_0 p_i}(i = 1, 2, \cdots, k)$ 之间的角度相差不大; 当 p_0 为边界点时, 则向量 $\overrightarrow{p_0 p_i}(i = 1, 2, \cdots, k)$ 之间的角度必然会产生较大的角度差。

图 5.2　切平面上的投影点

对 $\theta_i(i = 1, 2, \cdots, k - 1)$ 升序排列, 得到新的序列 $\theta_i'(i = 1, 2, \cdots, k - 1)$, 计算出向量角度的差值 $L = \theta_{i+1}' - \theta_i'$, $i \in [0, 1, \cdots, k]$, 参考文献[150]设定角度阈值 $L_{thr} = 2\pi/3$, 若 $L_{max} \geqslant 2\pi/3$, 则认为 p_0 为边界点。

5.3　空间曲线的曲率和挠率

曲线匹配的前提需要强有力的形状特征描述符, 且该描述符应具备空间刚体旋转、平移不变性, 能够唯一表征某点处的特征。根据微分几何知识可知, 曲线的曲率和挠率具备该性质, 为此本章选取空间曲线的曲率和挠率来描述曲线的几何特征。

假定某一空间曲线的方程为 $r = r(s)$, 其中 s 是曲线的弧长参数, 取曲线 C 上任意两邻近点 P 和 P_1, 设该两点间的弧长相差 Δl, 具体如图所示, P 和 P_1 两

点的单位切向量分别为 $\alpha(l)$ 和 $\alpha(l+\Delta l)$，将 P_1 点处的切向量 $\alpha(l+\Delta l)$ 平移到点 P 后，如图所示，$\Delta\varphi$ 为向量 $\alpha(l)$ 和 $\alpha(l+\Delta l)$ 之间的夹角。

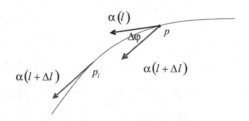

图 5.3　曲线曲率示意图

则空间曲线 C 在 P 点的曲率为

$$\kappa(l) = \lim_{\Delta l \to 0} \left| \frac{\Delta\varphi}{\Delta l} \right| \tag{5.3}$$

其中 Δl 为 P 点及其邻近点 P_1 间的弧长，$\Delta\varphi$ 为曲线在点 P 和 P_1 的切向量的夹角。其几何意义是曲线的切向量对于弧长的旋转速度。曲率越大，曲线的弯曲程度就越大，因此它反映了曲线的弯曲程度。

如果点 P 的坐标 (x,y,z) 都是同一参数 t 的函数，则曲线 C 可由 $r = r(t) = (x(t),y(t),z(t))$，则

$$\begin{cases} \dfrac{dr}{dl} = \dfrac{dr}{dt}\dfrac{dt}{dl} = r'\dfrac{dt}{dl} \\[2mm] \dfrac{d^2r}{dl^2} = \dfrac{d^2r}{dl^2}\left(\dfrac{dt}{dl}\right)^2 + \dfrac{dr}{dt}\dfrac{d^2t}{dl^2} = r''\left(\dfrac{dt}{dl}\right)^2 + r'\dfrac{d^2t}{dl^2} \end{cases} \tag{5.4}$$

为此 $\left(\dfrac{dr}{dl}\right) \times \left(\dfrac{d^2t}{dl^2}\right) = r' \times r''\left(\dfrac{dt}{dl}\right)^3$，根据 $\dfrac{dt}{dl} = \dfrac{1}{|r'|}$，所以空间曲线 C 在 P 点处的曲率又可以表示为

$$k(t) = \frac{|r'(t) \times r''(t)|}{|r'(t)|^3} \tag{5.5}$$

对于空间曲线不仅有弯曲而且还有扭转（偏离密切平面，否则为平面曲线），而刻画曲线扭转程度的量为挠率。在微分几何中一般是用副法向量的转动速度来刻画曲线的扭转程度，即如图 5.4 所示。曲线 C 上任意两邻近点 P 和 P_1，并在 P、P_1 两点各作曲线 C 副法向量 $\boldsymbol{r}(l)$ 和 $\boldsymbol{r}(l+\Delta l)$，此两副法向量之间的夹角为 $\Delta\psi$，则定义曲线该点处挠率为

$$\tau(l) = \lim_{\Delta l \to 0} \left| \frac{\Delta\psi}{\Delta l} \right| \tag{5.6}$$

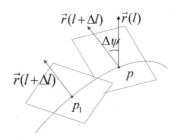

图 5.4　曲线挠率示意图

如果点 P 的坐标 (x,y,z) 都是同一参数 t 的函数,则该点处的挠率可表示为

$$\tau(t) = \frac{(r'(t) \times r''(t)) \cdot r'''(t)}{|r'(t) \times r''(t)|^2} \tag{5.7}$$

5.3.1　曲率的离散化

曲率和挠率的计算需要已知曲线参数表达式,且要求该曲线表达式具备三阶可导,但实际所提取出的碎片轮廓曲线是离散的,即无法直接使用式(5.5)和式(5.7)进行计算。参考文献[151]的思路,本书提出了一种基于离散几何信息求解曲率、挠率的估算方法。

在空间曲线 r 上依次选取相邻的 4 个点 P_0、P_1、P_2、P_3,分别作点 P_0、P_1、P_2 的切线 P_0L_0、P_1L_1、P_2L_2,定义 $l(P_i,P_j)$ 为点 P_i 沿曲线 r 到点 P_j 的弧长,并假设 $l(P_0,P_1) = l(P_1,P_2) = l(P_2,P_3) = \Delta l$,$\Delta \varphi = \angle(P_0L_0,P_1L_1) = \pi - \angle(P_1P_0,P_1P_2)$,则有 $l(P_0,P_2) \approx 2\Delta l$,且当 $\Delta l \to 0$ 时,$\Delta \varphi \to 0$,则

$$k_{p_1} = \lim_{\Delta l = l(P_0,P_1) \to 0} \frac{\Delta \varphi}{\Delta l} = \lim_{\Delta s \to 0} \frac{2\Delta \varphi}{\|P_0P_2\|} \cdot \frac{\|P_0P_2\|}{l(P_0,P_2)} = \lim_{\Delta \varphi \to 0} \frac{2\sin \Delta \varphi}{\|P_0P_2\|} =$$

$$\lim_{\Delta \varphi \to 0} \frac{2}{\|P_0P_2\|} \cdot \frac{\|P_1P_0 \times P_1P_2\|}{\|P_1P_0\| \|P_1P_2\|} = \lim_{\Delta \varphi \to 0} \frac{2\|P_1P_0 \times P_1P_2\|}{\|P_0P_2\| \|P_1P_0\| \|P_1P_2\|} \tag{5.8}$$

因为 $\|P_0P_1\| = \|P_1P_0\|$,于是点 P_1 的曲率近似可估计为

$$k_{p_1} \approx \frac{2\|P_1P_0 \times P_1P_2\|}{\|P_0P_1\| \|P_0P_2\| \|P_1P_2\|} \tag{5.9}$$

5.3.2　挠率的离散化

点 P_2 的挠率表示弧 P_1P_2 与密切平面 $\triangle P_0P_1P_2$ 和 $\triangle P_1P_2P_3$ 之间的偏离程度,设 $\Delta \psi$ 为这两个密切平面的法向量夹角,即向量 $P_0P_1 \times P_1P_2$ 和向量 $P_1P_2 \times P_2P_3$ 的夹角,则有

$$\tau_{p_2} = \lim_{\Delta l = l(P_1, P_2) \to 0} \frac{\Delta\psi}{\Delta l} = \pm \lim_{\Delta l \to 0} \frac{\sin(\Delta\psi)}{\|P_1 P_2\|} \frac{\|P_1 P_2\|}{\Delta l} =$$

$$\pm \lim_{\Delta\psi \to 0} \frac{\|(P_0 P_1 \times P_1 P_2) \times (P_1 P_2 \times P_2 P_3)\|}{\|P_0 P_1 \times P_1 P_2\| \ \|P_1 P_2 \times P_2 P_3\| \ \|P_1 P_2\|} =$$

$$\pm \lim_{\Delta\psi \to 0} \frac{\|(P_0 P_1 \times P_1 P_2) \times P_2 P_3\| \ \|P_1 P_2\|}{\|P_0 P_1 \times P_1 P_2\| \ \|P_1 P_2 \times P_2 P_3\| \ \|P_1 P_2\|} = \qquad (5.10)$$

$$\lim_{\Delta\psi \to 0} \frac{\|(P_0 P_1 \times P_1 P_2) \times P_2 P_3\|}{\|P_0 P_1 \times P_1 P_2\| \ \|P_1 P_2 \times P_2 P_3\|}$$

即点 P_2 的挠率可表示为

$$\tau_{p_2} \approx \frac{(P_0 P_1 \times P_1 P_2) \cdot P_2 P_3}{\|P_0 P_1 \times P_1 P_2\| \ \|P_1 P_2 \times P_2 P_3\|} \qquad (5.11)$$

上述计算方式与文献[152]的思路类似,主要思路是充分利用附近多个点来计算出曲率和挠率,这样有利于消除噪声干扰,为后面匹配工作奠定夯实基础。

5.4　动态时间规整算法

准确的碎片拼接不仅需要强有力的形状描述方法,还需要高效的形状匹配方法。最简单的匹配方法是依次比较两个串的所有元素,寻找到最长公共子串(longest common substring, LCS)[153],该方法要求特征序列需连续匹配,为此很难适应于部分边缘特征缺失的碎片拼接;另外一种方法是寻找最长公共子序列(the longest common subsequence, TLCS)[154-155],该方法不要求特征连续匹配,允许特征串中部分元素增删和局部差异,但两个对比的碎片弧长与实际长度之比必须相等,且采样点要尽量均匀分布。而三维文物碎片的三维信息是通过三维扫描仪获取的,不同的扫描分辨率和扫描角度会造成数据点的疏密不一,且在实际应用中,由于各种因素的影响,比如碎片轮廓出现缺损或磨损情况,造成两个碎片轮廓并不是完全匹配,只有部分线段匹配,如图 5.5 所示,即直接使用LCS 和 TLCS 算法匹配效果都不佳。

动态时间规整法(dynamic time warping, DTW)[156]是一种经典的模式识别算法,主要用于衡量两个时间序列之间的相似度。对于两个具有不同时间尺度的序列,它能够较好地完成二者之间的匹配问题,现已被广泛使用在语音识别、签名鉴别、手势识别、数据挖掘等应用场合。

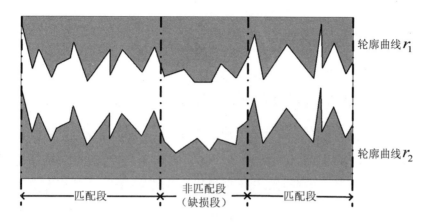

轮廓曲线 r_1

轮廓曲线 r_2

匹配段　　非匹配段（缺损段）　　匹配段

图 5.5　缺失碎片之间的匹配关系

假定两个时间序列分别为 $r_1 = \{p_1, p_2, \cdots, p_m\}$ 和 $r_2 = \{q_1, q_2, \cdots, q_n\}$，其中 $p_k(k = 1, 2, \cdots, m)$、$q_k(k = 1, 2, 3, \cdots, n)$ 分别表示这两个序列的特征值。所需对齐两个序列，构造一个 $m \times n$ 的矩阵网络，矩阵 (i, j) 的值为特征值 p_i 和 p_j 之间的距离 $d(p_i, p_j) = (p_i - p_j)^2$，其大小值能反映该两点之间的相似程度，即 $d(p_i, p_j)$ 越小则相似度越高。

算法的最终原则是在该矩阵中需找一条规整代价最小的路径，路径通过的点即为两个序列进行计算的对齐的点。在此用序列 W 表示

$$W = w_1, w_2, \cdots, w_k, \cdots w_K \tag{5.12}$$

其中 $w_k(i, j)_k$ 为 K 的第 k 个元素，K 满足 $\max(m, n) \leqslant K < m + n - 1$，且该式子还需满足以下条件：

（1）连续性：要求匹配点只能和相邻的点对齐匹配，不能跨过某个点，即若 $w_{k-1} = (a', b')$，则下一路径点 $w_k = (a, b)$ 需满足

$$\begin{cases} a - a' \leqslant 1 \\ b - b' \leqslant 1 \end{cases} \tag{5.13}$$

（2）单调性：要求匹配点在时序上是单调的，即若 $w_{k-1} = (a', b')$，则下一路径点 $w_k = (a, b)$ 需满足

$$\begin{cases} a - a' \geqslant 0 \\ b - b' \geqslant 0 \end{cases} \tag{5.14}$$

以保证规整路径在时序上是单调进行的，但满足这些约束条件的路径有很多，我们只需提取出规整代价最小的路径，即

$$DTW_{(r_1,r_2)} = \min\left\{\sqrt{\frac{\sum_{k=1}^{K} w_k}{K}}\right\} \tag{5.15}$$

5.5　基于导数动态时间规整的轮廓曲线匹配

DTW 对于两个具有不同时间尺度的序列,虽然能够较好地完成二者之间的匹配问题,但当两条序列的幅度相同而变化趋势不同时,DTW 算法往往会出现误对齐现象,最终导致配对效果不理想甚至出现误匹配。近年来有学者提出了导数动态规整算法(derivative dynamic time warping, DDTW)[157],相比于DTW,DDTW 不仅需要考虑数据点的幅值,而且能根据数据点处的一阶导数值选择更为合理的规整时间序列,为此本章使用改进的 DDTW 算法来解决轮廓曲线的匹配问题。

设两条待比对的轮廓曲线分布为 $r_1 = \{p_1,p_2,\cdots,p_m\}$ 和 $r_2 = \{q_1,q_2,\cdots,q_n\}$,利用式(5.9)和式(5.11)分别计算出各点的曲率和挠率,则这两条曲线形状信息可由序列 A 和序列 B 表示,即

$$\begin{cases} A = \{[k_{p_1},\tau_{p_1}],[k_{p_2},\tau_{p_2}],[k_{p_3},\tau_{p_3}],\cdots,[k_{p_{m-1}},\tau_{p_{m-1}}],[k_{p_m},\tau_{p_m}]\} \\ B = \{[k_{q_1},\tau_{q_1}],[k_{q_2},\tau_{q_2}],[k_{q_3},\tau_{q_3}],\cdots,[k_{q_{n-1}},\tau_{q_{n-1}}],[k_{q_n},\tau_{q_n}]\} \end{cases} \tag{5.16}$$

定义序列 A 中任一点 p_i 处的形状信息导数可表示为

$$\begin{cases} d_{k_i}^A = \dfrac{(k_{p_i}-k_{p_{i-1}})+(k_{p_{i+1}}-k_{p_{i-1}})/2}{2} \\ d_{\tau_i}^A = \dfrac{(\tau_{p_i}-\tau_{p_{i-1}})+(\tau_{p_{i+1}}-\tau_{p_{i-1}})/2}{2} \end{cases} \tag{5.17}$$

其中 $2 \leqslant i \leqslant n-1$,在式(5.17)中,令最开始首尾连续的两点的导数相同,即相对序列 A 有 $d_{k_1}^A = d_{k_2}^A$,$d_{\tau_1}^A = d_{\tau_2}^A$ 和 $d_{k_m}^A = d_{k_{m-1}}^A$,$d_{\tau_m}^A = d_{\tau_{m-1}}^A$,同样,序列 B 在 q_j 处的形状信息导数 $d_{k_i}^B$ 和 $d_{\tau_i}^B$ 也可以根据式(5.17)计算。则任意两点 p_i 和 q_j 的匹配代价可表示为

$$d(p_i,q_j) = \sqrt{\lambda(d_{k_i}^A - d_{k_j}^B)^2 + (1-\lambda)(d_{\tau_i}^A - d_{\tau_j}^B)^2} \tag{5.18}$$

其中 $\lambda \in [0,1]$,在此设定 $\lambda = 0.5$,可设定 $m \leqslant n$,则两条轮廓曲线 r_1 和 r_2 上所有点之间的匹配误差可组成匹配代价矩阵 D,即 D 可表示为

$$
D = \begin{bmatrix}
d(p_1,q_1) & d(p_1,q_2) & \cdots & d(p_1,q_n) \\
d(p_2,q_1) & d(p_2,q_2) & \cdots & d(p_2,q_n) \\
\vdots & \vdots & d(p_i,q_j) & \vdots \\
d(p_m,q_1) & d(p_m,q_2) & \cdots & d(p_m,q_n)
\end{bmatrix}
\tag{5.19}
$$

要解决序列 A 和序列 B 的匹配问题,即在矩阵 D 中寻找到一种合理的轮廓点匹配方式,使得序列 A 和序列 B 之间的全局匹配代价最小,也就是在代价矩阵中找到一条从左上角到右下角的路径,而该路径经过的元素值之和最小,如图 5.6 所示,寻找规则为

$$
D(i,j) = d(p_i,q_j) + \min\big(D(i-1,j-1),D(i-1,j),D(i,j-1)\big)
\tag{5.20}
$$

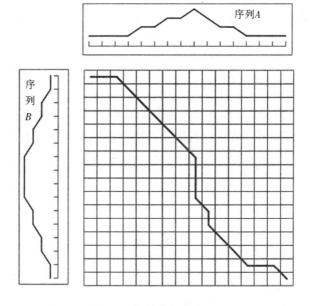

图 5.6　规整路径示意图

寻找到规整路径以后,就可求出该规整路径上匹配误差累积和,且定义为 $f(A,B)$。$f(A,B)$ 的值越小,即表示序列 A 和序列 B 之间匹配距离越小,轮廓曲线 r_1 和 r_2 越相似。

5.5.1　轮廓曲线分段匹配

由于薄壁碎片边缘部分可能存在缺失,特别是对于经过了风、水等外部因素侵蚀的陶瓷文物碎片,其边缘信息可能缺失更为严重,即实际邻接的两条轮

廓曲线之间的整体匹配代价不一定最小,但其前后无缺失部分应是严格匹配的。另外,由于文物碎片的轮廓曲线是一条封闭曲线,如直接匹配两条轮廓曲线,其计算量非常大,同时也很难找到最佳匹配。为此,我们首先需要对轮廓曲线进行分段处理,然后再一段一段地进行匹配,最后综合匹配段之间的空间顺序,寻找出最佳匹配曲线。

最简单的空间曲线分段方式是通过角点(局部极值曲率点)检测方式。假定碎片轮廓曲线为 $r_i = \{p_{i1}, p_{i2}, \cdots, p_{im}\}$,各个点的曲率分别为 $\{k_{p_{i1}}, k_{p_{i2}}, \cdots, k_{p_{im}}\}$,取某点 p_{ij} 的局部邻域 $n(n \leqslant m)$,如果邻域内的局部极值曲率大于设定阈值 Δk,则认为该点为角点,可将该轮廓曲线分成两段 r_i^1, r_i^2,否则邻域区域往后移,继续寻找角点。最后根据角点将轮廓曲线 r_i 分成 M 段,则该轮廓曲线 r_i 可由有序曲线段表示 $r_i = \{r_i^1, r_i^2, \cdots, r_i^M\}$,随后可利用 DDTW 算法查找相似曲线段。

5.5.2 伪匹配线段的剔除

由于计算的误差和相似曲率和挠率等因素,可能会出现伪匹配或错误匹配的曲线段,为此需要对匹配的曲线段进行进一步验证以保证匹配的准确性。匹配轮廓曲线上的点,不仅曲率和挠率相等,其法矢量方向应该一致,且对应点之间的距离也应该相等,据此可根据法矢夹角和距离相等等方式来验证伪匹配段。

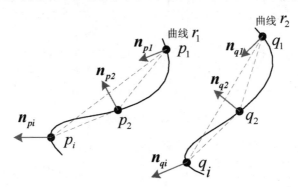

图 5.7　匹配曲线段的验证

在线段 $r_1 : \{p_1, p_2, \cdots, p_m\}$ 中任意取不共线的三点 $\{p_1, p_2, p_i\}$,而在相似曲线段 $r_2 : \{q_1, q_2, \cdots, q_m\}$ 中选取与 $\{p_1, p_2, p_i\}$ 相对应的三点 $\{q_1, q_2, q_i\}$,如果两曲线是匹配的,那么对应的点曲率和挠率以及法向量方向应该是一致的,且由不共线对应点组成的三角形应是相似三角形,即匹配线段内的对应点必定满足

$$\begin{cases} \dfrac{\|\boldsymbol{p}_1 - \boldsymbol{p}_2\|}{\|\boldsymbol{q}_1 - \boldsymbol{q}_2\|} = \dfrac{\|\boldsymbol{p}_1 - \boldsymbol{p}_i\|}{\|\boldsymbol{q}_1 - \boldsymbol{q}_i\|} = \dfrac{\|\boldsymbol{p}_2 - \boldsymbol{p}_i\|}{\|\boldsymbol{q}_2 - \boldsymbol{q}_i\|} \\ \cos\,(p_1,p_2) = \cos\,(q_1,q_2) \\ \cos\,(p_1,p_i) = \cos\,(q_1,q_i) \\ \cos\,(p_2,p_i) = \cos\,(q_2,q_i) \end{cases} \tag{5.21}$$

其中 $\cos\,(p_i,p_j)$ 表示点 p_i,p_j 的法向量的夹角余弦值,其具体为 $\cos\,(p_i,p_j)$ $= |\boldsymbol{n}_{pi} \cdot \boldsymbol{n}_{pj}|/(|\boldsymbol{n}_{pi}| \times |\boldsymbol{n}_{pj}|)$。

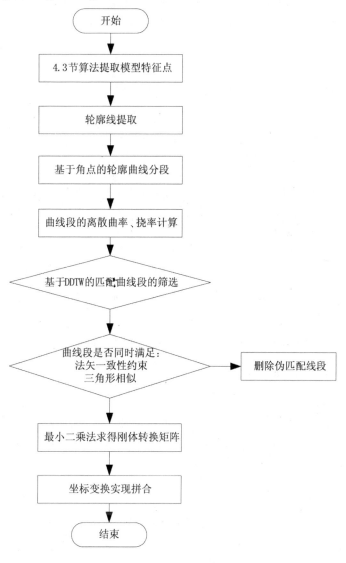

图 5.8　所提算法的流程

5.5.3 碎片的自动拼合

假设选取轮廓曲线 r_i 和 r_j 最优匹配线段,即曲线段 $r_j : \{p_1^j, p_2^j, \cdots, p_m^j\}$ 的点与曲线 $r_i : \{p_1^i, p_2^i, \cdots, p_m^i\}$ 的点是一一匹配对应的,其点坐标关系可通过刚体旋转变换关系表示

$$p_k^j = R p_k^i + T \tag{5.22}$$

式中 R 和 T 分别为旋转矩阵和平移矩阵,在各匹配点对已知的情况下,可采用最小二乘法估算出 R 和 T。为了得到精确值,同时可使用迭代计算方式使二者之间的距离误差 $E = \sum_{k=1}^{m} \| p_k^j - (R p_k^i + T) \|$ 达到最小,逐渐逼近精确值,然后将两碎片内所有点的坐标通过式(5.22)进行坐标换算,从而实现两碎片拼合。

综合上述各部分内容,最终两碎片自动拼合算法可表示为:

Step 1　提取两碎片的轮廓曲线 r_1、r_2,并查找角点,由于碎片每个断面有两条轮廓线,所以每个碎片有两个轮廓曲线段(外轮廓曲线段和内轮廓曲线段),即得到 $r_{11} = \{r_{11}^{~1}, r_{11}^{~2}, \cdots, r_{11}^{~M}\}$,$r_{12} = \{r_{12}^{~1}, r_{12}^{~2}, \cdots, r_{12}^{~M}\}$,$r_{21} = \{r_{21}^{~1}, r_{21}^{~2}, \cdots, r_{21}^{~N}\}$,$r_{22} = \{r_{22}^{~1}, r_{22}^{~2}, \cdots, r_{22}^{~N}\}$。

Step 2　将碎片 1 和碎片 2 的内外轮廓曲线段都进行 DDTW 匹配,如果匹配代价之和都小于给定阈值,则认为该曲线段相互匹配,并记录匹配曲线段序号。

Step 3　所有轮廓曲线的曲线段匹配完以后,根据前后匹配的轮廓曲线段序号查找到候选匹配曲线段,即如果前后线段序号是连续有序的,则认为该段是相似候选匹配线段,否则就不匹配。

Step 4　对候选匹配线段进一步验证,如果候选匹配线段上的点通过法式方向及相似三角形验证,则认为该段为匹配线段,随后进入步骤 **Step 5**,否则认为该段为伪匹配。

Step 5　在匹配线段中,根据匹配对应点及式(5.22)求解出旋转矩阵和平移矩阵,并以该值为初始值,随后采用迭代计算方式使得距离误差达到最小时,则此时的 R 和 T 为最终的计算值,然后将两碎片所有点的坐标通过式(5.22)进行坐标换算,从而实现两碎片拼合。

5.6　实验及结果分析

该算法在 VS2010 平台上采用 C ++ 语言编程实现,且调用 OpenGL 库函数显示点云。该算法应用于陶瓷碎片的拼合,具体陶瓷碎片如图所示,碎片的点云数据由非专业人士利用 HandySCAN 3D 手持扫描仪扫描获得,扫描仪的分辨率设置为 0.5 mm,所得数据首先使用第 3 章的方法对原始数据进行去噪、精简等预处理,模型的轮廓曲线先是使用第 4 章方法(基于点空间结构的点云特征提取方法)提取特征点,再根据本章 5.2 内容提取边界点,进一步得到轮廓曲线。其中边界点提取的角度阈值 $L_{thr} = 2\pi/3$,具体碎片模型和轮廓边缘曲线如图 5.10、5.11 所示。

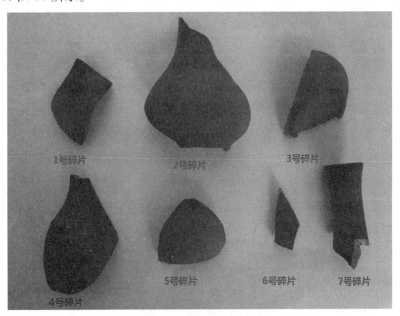

图 5.9　陶瓷碎片实物图

　(a)1 号碎片　　　　　　(b)2 号碎片　　　　　　(c)3 号碎片

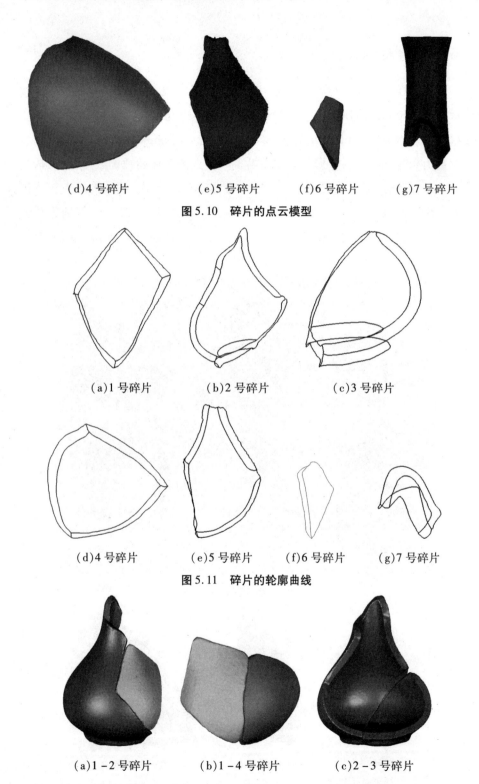

(d)4 号碎片　　　(e)5 号碎片　　　(f)6 号碎片　　　(g)7 号碎片

图 5.10　碎片的点云模型

(a)1 号碎片　　　(b)2 号碎片　　　(c)3 号碎片

(d)4 号碎片　　　(e)5 号碎片　　　(f)6 号碎片　　(g)7 号碎片

图 5.11　碎片的轮廓曲线

(a)1 – 2 号碎片　　　(b)1 – 4 号碎片　　　(c)2 – 3 号碎片

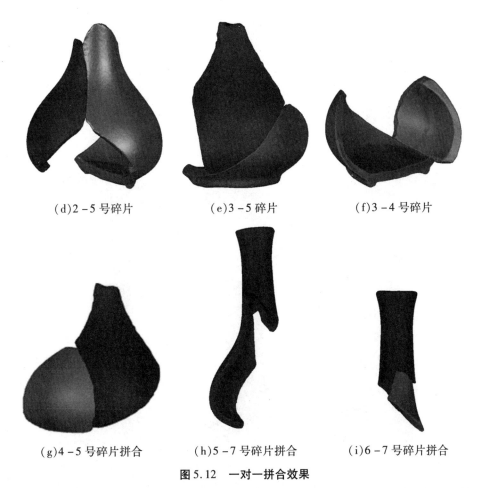

(d)2 – 5 号碎片　　　　　(e)3 – 5 碎片　　　　　(f)3 – 4 号碎片

(g)4 – 5 号碎片拼合　　　(h)5 – 7 号碎片拼合　　　(i)6 – 7 号碎片拼合

图 5.12　一对一拼合效果

　　由于陶瓷碎片具有一定的厚度,因此轮廓曲线由 2 条相近曲线组成,具体如图 5.11 所示,实验参数最大迭代次数为 50,最小迭代误差 $E = 0.2$ mm,具体碎片拼合效果如图 5.12 所示。由实验结果可知,所提算法能够较好地解决一对一碎片的拼合,在一对多拼合过程中,由于误差的累积,造成最后碎片的拼接误差相对较大,特别是当碎片需要同时与两片碎片拼合时,碎片很难同时与其他碎片无缝拼合在一块,具体如图 5.13 所示。但是该碎片的基本位置是准确的,说明所提算法能够较好地解决一对多碎片的拼合。为了分析拼合精度,先定义拼合误差,是指当碎片完成精确拼接后断裂面内对应点之间的平均距离差,具体实验数据如表 5.1 所示。由实验结果可知,经所提算法拼合后的数据精度相对较高。

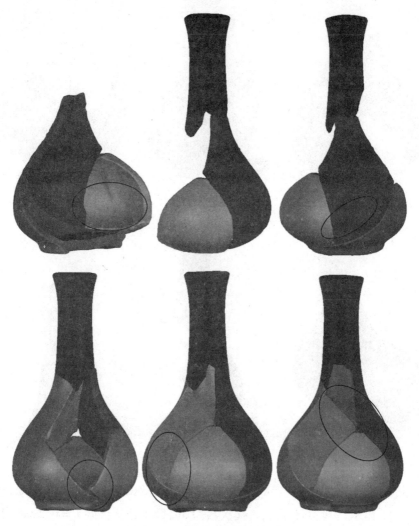

图 5.13　多个碎片连续拼合

　　为了验证算法性能,将所提算法与基于 DTW 算法及基于 LCS 算法进行对比分析,DTW 算法和 LCS 算法所匹对数据都是曲线的曲率和挠率,为此所计算时间是由离散曲率、挠率计算时间和匹配算法所花费时间之和。具体结果如表5.1 所示,所提算法所需时间比其他两种方法都要长,但拼合误差远小于基于DTW 算法和 LCS 算法,主要是因为 DDTW 算法需要进行求导运算,为此运行消耗的时间约大于基于 DTW 算法和 LCS 匹配算法。另外,由于 DTTW 算法允许中间存在非匹配点,且对候选匹配曲线作了进一步筛选,保证匹配的合理性,为此拼合误差远小于基于 DTW 算法和 LCS 算法。

表 5.1　算法运行时间和拼合误差对比

碎片编号	运行时间/s			拼合误差/mm		
	DTW	LCS	所提算法	DTW	LCS	所提算法
编号 1 - 2	25.24	32.14	17.32	1.532	1.987	0.87
编号 1 - 4	20.32	25.13	15.21	1.345	1.766	0.79
编号 2 - 3	35.12	29.13	23.15	1.732	1.923	0.76
编号 2 - 5	23.48	24.12	19.23	1.268	1.564	0.53
编号 3 - 5	23.06	26.14	18.21	1.243	1.547	0.89
编号 3 - 4	19.43	20.41	15.54	1.862	1.958	1.02
编号 4 - 5	15.46	20.43	10.89	1.532	2.014	1.08
编号 5 - 7	19.87	30.12	14.22	1.630	1.986	0.92
编号 6 - 7	18.55	22.14	12.54	1.023	1.472	0.64

5.7　本章小结

　　本章针对三维薄壁碎片自动拼合问题,提出了一种基于 DDTW 算法的三维薄壁碎片自动拼合方法。首先设计了一种离散曲率、挠率的计算方法,解决离散数据点难以计算空间曲线的曲率、挠率的问题,由于离散曲率、挠率的计算方式充分利用附近多个点信息,从而提高了抗噪性能;然后以曲率、挠率组成轮廓曲线的特征形状不变描述符,根据导数动态时间规整(DDTW)算法寻找候选匹配曲线段,进一步通过法矢约束和三角形相似约束剔除伪匹配曲线段;最后以最小二乘法估计旋转变换和平移矩阵,采用迭代计算方式逐步逼近精确值。通过实验结果分析,验证了所提算法的有效性,且相比于 DTW 和 LCS 方法,所提算法的耗时更长,但拼合的误差更小。

第6章 厚壁碎片的自动化拼合

6.1 引言

文物碎片因常年受到雨水、风等外部因素侵蚀,其轮廓曲线常常遭到破坏,特别是重量大、质地脆的厚壁碎片,但厚壁碎片的断裂面面积较大,且含有丰富的特征及不易遭到破坏,厚壁碎块间的拼合一般是基于断裂面之间的匹配关系,因此如何根据断裂面的特征信息找到最佳匹配断裂面,是实现碎块拼合的关键。常规的方法是基于点的微分特征信息(如法矢、曲率等)进行断裂面的相互匹配验证。由于微分信息的计算过程易受噪声干扰,部分学者引入基于多尺度的计算方式来提高其抗噪能力,但其运算量却大大增加;另外,由于外力等因素,断裂面的部分特征可能已经缺失,两邻接断裂面之间的部分区域并不一定是相互匹配的。因此,本书提出了一种基于互补区域对的ICP断裂面精确拼合方法。该方法首先以积分不变量构建局部区域平坦函数,据此将断裂面划分为不同的凹、凸、平坦子区域;然后根据子区域的几何形状特征寻找互补区域对,进一步根据互补区域对的位置信息寻找到最佳匹配断裂面,并使用四元数法对其初始拼合;最后通过改进的ICP算法进一步使碎块精确地拼合。实验结果表明,所提方法能够有效地实现一对一碎块的拼接,且对于部分区域缺损的断裂面也具有较好的效果。

6.2 基于体积分不变量的凹凸区域提取

厚壁碎片断裂面由不同的凹、凸和平坦区域组成,从理论上讲,两个无损、相邻接断裂面相对应的凹凸区域应具有完美互补性,平坦区域应是无缝贴合的,即其对应区域拼合在一块应该是严丝合缝的,为此可选取断裂面上的凹凸区域作为匹配信息。凹凸区域的提取可基于微分信息(比如曲率、曲面变化度或法向量),但由于传统微分信息的计算过程受噪声干扰严重,部分学者提出了一种基于积分不变量的特征表征方法。该方法表征的曲面特征具有几何不变量性质,具备较强的抗噪性能,现已被广泛应用于几何注册、特征分类等场合。

6.2.1　体积分不变量理论

Manay[158]在研究平面曲线的积分不变量的基础上,首次提出体积分不变量的概念,并分析该不变量与曲率之间的关系。随后 Pottmann 等[159]将积分不变量概念推广至三维,并对该理论进行系统的论述及证明,最后加以实验进行验证。

在三维曲面 φ 上任意取一点 p,如图 6.1 所示,以该点为球心、以 r 为半径可画一个球体 $B_r(p)$,则在该球体内对曲面示性函数进行积分,并将该积分值定义为三维曲面 φ 上点 p 的积分不变量,则积分不变量可表示为

$$V_r(p) = \int_{B_r(p)} 1_D(x)\,dx \tag{6.1}$$

其中 $1_D(x)$ 为曲面示性函数,其定位为:当点 x 位于曲面的外侧时,则 $1_D(x)=1$;否则 $1_D(x)=0$。

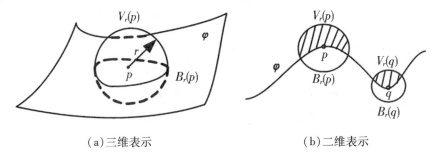

（a）三维表示　　　　　　　　　　（b）二维表示

图 6.1　体积分不变量的物理意义

Pottmann 计算发现该点的积分不变量的数值大小与球体 $B_r(p)$ 在曲面外侧部分体积相等,为此也称为体积分不变量。如果体积分 $V_r(p)=2\pi r^3/3$,即该积分大小为球体体积的一半时,意味着点 p 所在的局部曲面为近似一平面;如果 $V_r(p)>2\pi r^3/3$,则表示点 p 所在的局部曲面为凸曲面,且 $V_r(p)$ 的值越大,表示该点 p 的局部曲面越凸出。同理,如果 $V_r(p)<2\pi r^3/3$,则表示点 p 所在的局部曲面为凹曲面,且 $V_r(p)$ 的值越小,表示该点 p 的局部曲面越凹陷、越尖锐。因此, $V_r(p)$ 的大小与该点 p 的局部曲面凹凸程度有关,且 $B_r(p)$ 内部的噪声点不会影响 $V_r(p)$ 的值。另外,当 $r\to0$ 时, $V_r(p)$ 与该点处的曲面平均曲率 H 具有以下关系

$$V_r(p) = \frac{2\pi}{3}r^3 - \frac{\pi H}{4}r^4 + O(r^5) \tag{6.2}$$

其中 $O(r^5)$ 为截断误差,由式(6.2)可知体积分不变量本质上包含了曲率

信息,因此积分不变值大小能够反映该曲面的局部凹凸性。

6.2.2 曲面的局部区域平坦函数

在忽略截断误差时,由式(6.2)可得到平均曲率 H 近似表示为

$$H \approx \frac{8}{3r} - \frac{4}{\pi r^4} V_r(p)\qquad(6.3)$$

如果点 p 所在曲面局部为凸曲面,即 $V_r(p) > 2\pi r^3/3$ 时,则 $H < 0$;如果该点 p 所在的局部曲面为凹曲面,即 $V_r(p) < 2\pi r^3/3$ 时,$H > 0$;如果该点所在的面为平面,即 $V_r(p) = 2\pi r^3/3$ 时,则 $H \approx 0$。这与文献[160]根据曲面平均曲率判断局部区域的凹凸性的情况一致,即 $H < 0$ 的点其局部曲面主要呈现凸的特征,$H = 0$ 的点其局部区域为平面,$H > 0$ 的点其局部曲面主要呈现凹的特点。

鉴于平均曲率 H 的计算对噪声敏感,为此我们采用体积分不变量 $V_r(p)$ 来表征该点处的凹凸程度。由于 $V_r(p)$ 的计算值与半径 r 有关,为了便于判断,将 $V_r(p)$ 归一化处理,即定义了曲面局部区域平坦函数为

$$F_r(p) = \frac{3}{4\pi r^3}\left(V_r(p) - \frac{2\pi r^3}{3}\right) = \frac{3V_r(p)}{4\pi r^3} - \frac{1}{2}\qquad(6.4)$$

因为 $V_r(p) \in [0, 4\pi r^3/3]$,所以容易得到 $F_r(p) \in [-0.5, 0.5]$,且当 $V_r(p) = 2\pi r^3/3$ 时,即当该点的局部区域为平面时,$F_r(p) = 0$;当该点 p 的局部区域呈现凸特性时,即 $V_r(p) > 2\pi r^3/3$,则 $F_r(p) > 0$;如果 $F_r(p) \to 0.5$,则表示该点凸出越尖锐;当该点 p 处的局部曲面呈现凹陷时,即 $V_r(p) < 2\pi r^3/3$,则 $F_r(p) < 0$。同理,如果 $F_r(p) \to -0.5$,则意味着该顶点凹陷越深,具体如图6.2所示。

图6.2 1号碎块的局部区域平坦函数值分布

6.2.3　特征凹凸区域的提取

体积分不变量的大小和曲面平坦函数值表征的是该点处曲面局部的凹凸情况,但这不能形成一个区域,为此需要设定一个阈值 ε。根据曲面平坦函数将各个点聚类为不同的凹区域、凸区域及平坦区域,后续碎片的拼接匹配只需根据区域分布情况进行,这样就很大程度上减少了参与匹配的数据量,从而节省大量时间,具体算法如下:

Step 1　根据上述式子计算所有点的 $V_r(p)$ 和 $F_r(p)$。

Step 2　设定区域分类阈值 ε,对所有点进行分类,即 $F_r(p) > \varepsilon$ 的点划分到凸区域集合 $S_t(p)$ 中, $F_r(p) < -\varepsilon$ 的点归类为凹区域集合 $S_a(p)$ 中, $-\varepsilon < F_r(p) < \varepsilon$ 的点计入 $S_p(p)$ 集合内。

Step 3　分析集合中各点的邻接关系,采用区域生长法将相邻同类型的点聚为一个特征区域:在集合 $S_a(p)$ 中随机筛选一个种子点,然后分析集合中剩余点与该种子点之间的邻接关系,如果相邻,则相邻点作为新的种子点继续往外生长(寻找相邻点),直到不能生长为止;而该类相邻点作为一个子区域,进一步又在集合剩余的点中重新随机筛选一个种子点,寻找下一个子区域,重复上述步骤,直至集合区域中无剩余点为止。对于集合 $S_t(p)$ 或 $S_p(p)$ 都可进行同样操作,从而得到各个不同的子区域。

对上述 1 号碎片的特征子区域聚类后的结果如图 6.3 所示。

图 6.3　碎块特征区域分类

6.3 基于区域形状相似的初始匹配

6.3.1 区域的形状表征

形状识别技术是模式识别的重要方向,广泛应用于图像分析、机器视觉和目标识别等领域,而在对形状进行分析识别之前,必须先对目标形状进行定量的形状描述、分析,即提取形状的某些特征来表征该目标。一个好的形状特征描述应具备以下性质:

(1)旋转平移不变性:物体形状经过旋转、平移等刚体运动,其描述值应该保持不变;

(2)唯一性:对不同形状有唯一的表达;

(3)稳定性:小的扰动不会使描述产生大的变化;

(4)简易性:计算简单,容易实现。

常用的形状特征描述法有基于全局几何形特征和基于变换域特征,其中基于全局几何特征的是面积、周长、长轴、短轴、主轴方向、凹凸面积、紧密度、实心度、偏心率等几何特征信息,其特点是计算简单易行;而基于变换域的描述主要有矩、Fuorier 描述子、小波描述子等,其优点是描述更为准确,但计算相对复杂。为此,选用基于全局几何形状特征的描述符的方式,通过主成分分析法分析各点与质心之间的分布情况。

假定某个特征区域(凹、凸或平坦区域)包含 n 个顶点,记为 $s(p) = \{p_1, p_2, \cdots, p_n\}$,点 p_i 的坐标记为 (x_i, y_i, z_i),则该区域的质心 $\bar{p}$ 的坐标可表示为 $\bar{p}(\bar{x}, \bar{y}, \bar{z})$,即 $\bar{p}$ 为

$$\bar{p} = \frac{1}{n} \sum_{i=1}^{n} p_i \tag{6.5}$$

根据曲面上的点 $\{p_1, p_2, \cdots, p_n\}$ 和 $\bar{p}$ 可构建 3×3 的协方差矩阵

$$M = \sum_{i}^{n} \left[(p_i - \bar{p}) \cdot (p_i - \bar{p})^T \right] \tag{6.6}$$

由于矩阵 M 为一个正交矩阵,必定存在特征值和特征向量,为此可用雅克比方法求解出矩阵 M 的特征值 λ_1、λ_2、λ_3($\lambda_1 \geqslant \lambda_2 \geqslant \lambda_3 > 0$)和特征向量 n_1、n_2、n_3。该特征值和特征向量分别代表各点分布的主成分和主方向,参考文献[161]定义该区域的尺寸特征 $L(S)$ 和各向异性特征 $A(S)$,其表达式分别为

$$L(S) = \sqrt{\lambda_1 + \lambda_2 + \lambda_3} \tag{6.7}$$

$$A(S) = \sqrt{\frac{\lambda_1}{\lambda_2}} \tag{6.8}$$

对于相似的区域 $s_t(p)$、$s_a(p)$，其尺寸特征和各向异性特征理论上是完全一致的，为此可根据尺寸特征和各向异性特征的相对差值来判断两区域是否相似，即其各自的 $L(s)$、$A(s)$ 应同时满足

$$SL(s_{t1}, s_{a1}) = \left| \frac{L(s_{t1}) - L(s_{a1})}{L(s_{t1}) + L(s_{a1})} \right| \leqslant \varepsilon_L \tag{6.9}$$

$$SA(s_{t1}, s_{a1}) = \left| \frac{A(s_{t1}) - A(s_{a1})}{A(s_{t1}) + A(s_{a1})} \right| \leqslant \varepsilon_A \tag{6.10}$$

由于尺寸大小和各向异性特征不足以描述一个区域的轮廓信息，为此单以该判别方式会出现一个特征区域与多个区域相似的情况，所以需在上述基础上进行进一步的验证。

某区域的质心代表区域内各点的分布情况，区域的轮廓形状则主要由其空间边界点表征，为此可选择质心与边界点的空间几何关系来描述该区域的轮廓信息。根据断裂面的各点之间曲面平坦函数值 $F_r(p)$ 以及凹凸平坦特征区域的邻接关系，很容易查找到某个区域的边界点，即位于两种不同特征类型曲面间的点为边界点。随后可计算出所有边界点 p'_i 与质心 $\bar{p}$ 之间的欧式距离 $d(p'_i, \bar{p}) = \|p'_i - \bar{p}\|$，进一步将这些欧式距离由小到大进行排序，再在最短距离和最长距离之间等间隔选取 m 个点，以最短距离的边界点记为 p'_1，其他点以顺时针方向分别记为 p'_i，其中 $i = 2, 3, \cdots, m$。如果间距越小，则 m 值就越大，所选的边界点就越多，各边界点就越能表征该区域的几何轮廓。

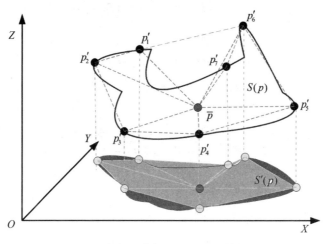

图 6.4　局部区域在 XOY 平面上的投影

由任意两个相邻边界点与质心 $\bar{p}$ 都可组成一个三角形,即总共可以组成 $m-1$ 个三角形。将各个三角形投影至 XOY 平面上,如图 6.4 所示,图中 $m=7$, $s(p)$ 是断裂面内的一个特征子区域,$S'(p)$ 为该特征区域在 XOY 平面上的投影。如果选取无穷多个边界点,则各三角形的空间分布可完全表征 $S(p)$ 形状,且各三角形的投影可完全覆盖 $S'(p)$,即某区域 $S(p)$ 的形状可由这一系列三角形有序表征,$s(p)\cong\{\triangle\bar{p}p'_1p'_2,\triangle\bar{p}p'_2p'_3,\cdots,\triangle\bar{p}p'_{m-1}p'_m,\triangle\bar{p}p'_mp'_1\}$,其中 p'_1 是与质心距离最短的边界点,p'_i 是以 p'_1 为起点等间距取得的第 i 个边界点。

凸区域 $s_t(p)$ 记为 $s_t(p)\cong\{\triangle\bar{p}_tp_{t1}p_{t2},\triangle\bar{p}_tp_{t2}p_{t3},\cdots,\triangle\bar{p}_tp_{t(m-1)}p_{tm},\triangle\bar{p}_tp_{tm}p_{t1}\}$,凹区域 $s_a(p)$ 可记为 $s_a(p)\cong\{\triangle\bar{p}_ap_{a1}p_{a2},\triangle\bar{p}_ap_{a2}p_{a3},\cdots,\triangle\bar{p}_ap_{a(m-1)}p_{am},\triangle\bar{p}_ap_{am}p_{t1}\}$,其中 p_{t1} 和 p_{a1} 都是与质心最近的边界点。如果两个区域相似,则其质心与对应边界点的距离应该相同,即各对应的三角形也必然相似,为此必定存在

$$\begin{cases}\triangle\bar{p}_tp_{t1}p_{t2}\sim\triangle\bar{p}_ap_{a1}p_{a2}\\\triangle\bar{p}_tp_{t2}p_{t3}\sim\triangle\bar{p}_ap_{a2}p_{a3}\\\vdots\\\triangle\bar{p}_tp_{t(m-1)}p_{tm}\sim\triangle\bar{p}_ap_{a(m-1)}p_{am}\\\triangle\bar{p}_tp_{tm}p_{t1}\sim\triangle\bar{p}_ap_{am}p_{t1}\end{cases}\tag{6.11}$$

或

$$SS(s_{t1},s_{a1})=\frac{1}{m}\left(\left|\frac{\|p_{tm}-\bar{p}_t\|}{\|p_{am}-\bar{p}_a\|}-\frac{\|p_{t1}-\bar{p}_t\|}{\|p_{a1}-\bar{p}_a\|}\right|+\right.$$

$$\left.\sum_{i=1}^{m-1}\left|\frac{\|p_{ti}-\bar{p}_t\|}{\|p_{ai}-\bar{p}_a\|}-\frac{\|p_{t(i+1)}-\bar{p}_t\|}{\|p_{a(i+1)}-\bar{p}_a\|}\right|\right)\leq\varepsilon_d\tag{6.12}$$

$$S\theta(s_{t1},s_{a1})=\frac{1}{m}\left|\frac{(p_{tm}-\bar{p}_t)\cdot(p_{t1}-\bar{p}_t)}{\|p_{tm}-\bar{p}_t\|\times\|p_{t1}-\bar{p}_t\|}-\frac{(p_{am}-\bar{p}_a)\cdot(p_{a1}-\bar{p}_a)}{\|p_{am}-\bar{p}_a\|\times\|p_{a1}-\bar{p}_a\|}\right|$$

$$+\frac{1}{m}\sum_{i=1}^{m-1}\left|\frac{(p_{ti}-\bar{p}_t)\cdot(p_{t(i+1)}-\bar{p}_t)}{\|p_{ti}-\bar{p}_t\|\times\|p_{t(i+1)}-\bar{p}_t\|}-\frac{(p_{ai}-\bar{p}_a)\cdot(p_{a(i+1)}-\bar{p}_a)}{\|p_{ai}-\bar{p}_a\|\times\|p_{a(i+1)}-\bar{p}_a\|}\right|\leq\varepsilon_\theta$$

$$\tag{6.13}$$

6.3.2 互补区域对的筛选

对于无任何损伤的两个邻接断裂面,从理论上讲,它们之间有着完美的互

补性,即经过拼接后各区域之间应是完美地重合在一块,凹区域与凸区域应是无缝吻合,平坦区域与平台区域严格重合在一块,为此我们可以以区域的互补性来判别两断裂面是否匹配。

假设断裂面 F_1 有 m_1 个凸区域 $\{s_{t1}^1, s_{t1}^2, \cdots, s_{t1}^{m_1}\}$、$n_1$ 个凹区域 $\{s_{a1}^1, s_{a1}^2, \cdots, s_{a1}^{n_1}\}$ 和 k_1 个凹平坦区域 $\{s_{p1}^1, s_{p1}^2, \cdots, s_{p1}^{k_1}\}$,断裂面 F_2 有 m_2 个凸区域 $\{s_{t2}^1, s_{t2}^2, \cdots, s_{t2}^{m_2}\}$、$n_2$ 个凹区域 $\{s_{a2}^1, s_{a2}^2, \cdots, s_{a2}^{n_2}\}$ 和 k_2 个凹平坦区域 $\{s_{p2}^1, s_{p2}^2, \cdots, s_{p2}^{k_2}\}$,则可根据各区域之间的特征参数判别两区域是不是相似区域,即是否为互补区域对,具体算法如下:

for 对于断裂面 F_1 中的每一个凸区域 $s_{t1}^i, i = 1, 2, \cdots, m_1$

　for 对于断裂面 F_2 中的每一个凹区域 $s_{a1}^j, j = 1, 2, \cdots, m_2$

　　if $(SL(s_{t1}^i, s_{a1}^j) \leqslant \varepsilon_L \&\& SA(s_{t1}^i, s_{a1}^j) \leqslant \varepsilon_A \&\& SS(s_{t1}^i, s_{a1}^j) \leqslant \varepsilon_d \&\&$
　　　$S\theta(s_{t1}^i, s_{a1}^j) \leqslant \varepsilon_\theta)$,则认定 s_{t1}^i 与 s_{a1}^j 为互补区域对。

for 对于断裂面 F_1 中的每一个凹区域 $s_{a1}^i, i = 1, 2, \cdots, n_1$

　for 对于断裂面 F_2 中的每一个凸区域 $s_{t1}^j, j = 1, 2, \cdots, n_2$

　　if $(SL(s_{a1}^i, s_{t1}^j) \leqslant \varepsilon_L \&\& SA(s_{a1}^i, s_{t1}^j) \leqslant \varepsilon_A \&\& SS(s_{a1}^i, s_{t1}^j) \leqslant \varepsilon_d \&\&$
　　　$S\theta(s_{a1}^i, s_{t1}^j) \leqslant \varepsilon_\theta)$,则认定 s_{a1}^i 与 s_{t1}^j 为互补区域对。

for 对于断裂面 F_1 中的每一个平坦区域 $s_{p1}^i, i = 1, 2, \cdots, k_1$

for 对于断裂面 F_2 中的每一个平坦区域 $s_{p1}^j, j = 1, 2, \cdots, k_2$

　if $(SL(s_{p1}^i, s_{p1}^j) \leqslant \varepsilon_L \&\& SA(s_{p1}^i, s_{p1}^j) \leqslant \varepsilon_A \&\& SS(s_{p1}^i, s_{p1}^j) \leqslant \varepsilon_d \&\&$
　　$S\theta(s_{p1}^i, s_{p1}^j) \leqslant \varepsilon_\theta)$,则认定 s_{p1}^i 与 s_{p1}^j 为互补区域对。

图 6.5　两碎块断裂面的互补区域对

6.3.3 伪互补区域对的剔除

设经过互补区域对的筛选之后，断裂面 F_1 和 F_2 之间共查找到 n 个互补区域对，这些区域既有凹、凸区域也有平坦区域，其中断裂面 F_1 内的区域统一记为 $\{s_{F1}^1, s_{F1}^2, \cdots, s_{F1}^n\}$，每个区域的质心为 $\{p_{F1}^1, p_{F1}^2, \cdots, p_{F1}^n\}$，$F_2$ 的区域记为 $\{s_{F2}^1, s_{F2}^2, \cdots, s_{F2}^n\}$，其质心记为 $\{p_{F2}^1, p_{F2}^2, \cdots, p_{F2}^n\}$。由于计算的误差或外力的损坏，比如风、水、化学物质的侵蚀等其他因素会造成断裂面的某局部区域相似或相同，因此通过上述计算所得的互补区域对存在一定的伪互补区域。而相邻断裂面内的互补区域对不仅在形状特征方面相同，而且各区域间的空间部分情况也是一致的，即其每个区域的质心之间的距离和区域分布的主方向是一致的[162]。

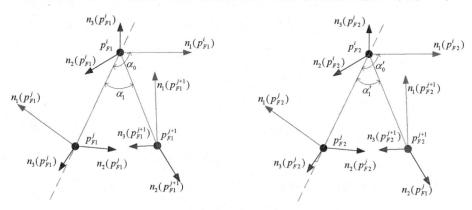

图6.6 互补区域的约束条件

如果 (s_{F1}^i, s_{F2}^i) 为互补区域对，需同时满足以下两个条件：

(1)距离约束条件：$\| p_{F1}^i - p_{F1}^j \| \approx \| p_{F2}^i - p_{F2}^j \|$，其中 $j = 1, 2, \cdots, n$。

(2)主方向约束条件：质心之间的直线与主方向的夹角是相等的，即 $\alpha_0 \approx \alpha'_0$；为计算方便可将此条件用角的余弦值表示，即 $|\cos(\alpha_0) - \cos(\alpha'_0)| \approx 0$。具体表达式为

$$| \cos(\alpha_0) - \cos(\alpha'_0) | = \left| \frac{(p_{F1}^i - p_{F1}^j) \cdot n_1(p_{F1}^i)}{\| p_{F1}^i - p_{F1}^j \| \times \| n_1(p_{F1}^i) \|} - \frac{(p_{F2}^i - p_{F2}^j) \cdot n_1(p_{F2}^i)}{\| p_{F2}^i - p_{F2}^j \| \times \| n_1(p_{F2}^i) \|} \right|$$

$$(6.14)$$

(3)空间分布一致性：邻接断裂面的互补区域的形状不仅相同，其空间分布也是一致的，即质心的空间分布是一致的，即 $\alpha_1 \approx \alpha'_1$，$|\cos(\alpha_1) - \cos(\alpha'_1)| \approx 0$。具体可表示为

$$\left| \cos(\alpha_1) - \cos(\alpha'_1) \right| = \left| \frac{(\boldsymbol{p}_{F1}^i - \boldsymbol{p}_{F1}^j) \cdot (\boldsymbol{p}_{F1}^i - \boldsymbol{p}_{F1}^{j+1})}{\| \boldsymbol{p}_{F1}^i - \boldsymbol{p}_{F1}^j \| \times \| \boldsymbol{p}_{F1}^i - \boldsymbol{p}_{F1}^j \|} - \frac{(\boldsymbol{p}_{F2}^i - \boldsymbol{p}_{F2}^j) \cdot (\boldsymbol{p}_{F2}^i - \boldsymbol{p}_{F2}^{j+1})}{\| \boldsymbol{p}_{F2}^i - \boldsymbol{p}_{F2}^j \| \times \| (\boldsymbol{p}_{F2}^i - \boldsymbol{p}_{F2}^j) \|} \right|$$

$$(6.15)$$

上述条件建立在 (s_{F1}^j, s_{F2}^j) 和 $(s_{F1}^{j+1}, s_{F2}^{j+1})$ 是真互补区域对的基础上,而具体哪个区域为真互补区域对无法考究,为此我们可以通过一种统计的方式筛选出真互补区域对,即假设断裂面 F_1 和 F_2 之间共有 n 个互补匹配对,但毕竟伪互补区域对为少数,则某 (s_{F1}^i, s_{F2}^i) 是否真互补区域对的约束条件可转换为:

距离约束条件:

$$\frac{1}{n-1} \sum_{j=1}^{n} \left| \, \| \boldsymbol{p}_{F1}^i - \boldsymbol{p}_{F1}^j \| - \| \boldsymbol{p}_{F2}^i - \boldsymbol{p}_{F2}^j \| \, \right| \leqslant \varepsilon \qquad (6.16)$$

主方向约束条件:

$$\frac{1}{n-1} \sum_{j=1}^{n} \left| \frac{(\boldsymbol{p}_{F1}^i - \boldsymbol{p}_{F1}^j) \cdot \boldsymbol{n}_1(\boldsymbol{p}_{F1}^i)}{\| \boldsymbol{p}_{F1}^i - \boldsymbol{p}_{F1}^j \| \times \| \boldsymbol{n}_1(\boldsymbol{p}_{F1}^i) \|} - \frac{(\boldsymbol{p}_{F2}^i - \boldsymbol{p}_{F2}^j) \cdot \boldsymbol{n}_1(\boldsymbol{p}_{F2}^i)}{\| \boldsymbol{p}_{F2}^i - \boldsymbol{p}_{F2}^j \| \times \| \boldsymbol{n}_1(\boldsymbol{p}_{F2}^i) \|} \right| \leqslant \varepsilon_{\alpha 0}$$

$$(6.17)$$

空间分布一致性:

$$\frac{1}{n-2} \sum_{j=1}^{n-1} \left| \frac{(\boldsymbol{p}_{F1}^i - \boldsymbol{p}_{F1}^j) \cdot (\boldsymbol{p}_{F1}^i - \boldsymbol{p}_{F1}^{j+1})}{\| \boldsymbol{p}_{F1}^i - \boldsymbol{p}_{F1}^j \| \times \| \boldsymbol{p}_{F1}^i - \boldsymbol{p}_{F1}^j \|} - \frac{(\boldsymbol{p}_{F2}^i - \boldsymbol{p}_{F2}^j) \cdot (\boldsymbol{p}_{F2}^i - \boldsymbol{p}_{F2}^{j+1})}{\| \boldsymbol{p}_{F2}^i - \boldsymbol{p}_{F2}^j \| \times \| (\boldsymbol{p}_{F2}^i - \boldsymbol{p}_{F2}^j) \|} \right| \leqslant \varepsilon_{\alpha 1}$$

$$(6.18)$$

其中 $j \neq i$,距离和主方向约束条件保证了互补区域对的准确性,距离约束条件和空间分布一致性可确保筛选出的特征区域在断裂面的空间分布上是一致的,即意味着两断裂面 F_1 和 F_2 的特征区域的大小形状及分布情况都一致,也可说明断裂面 F_1 和 F_2 是邻接断裂面(匹配断裂面)。

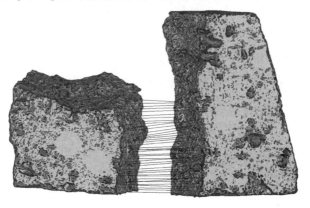

图 6.7　伪互补区域对剔除后的互补区域对

6.3.4　匹配断裂面的初始拼合

经上述计算之后,设匹配断裂面 F_1 和 F_2 之间剩余 m 个互补区域对,分别记为 $\{s_{F1}^1, s_{F1}^2, \cdots, s_{F1}^m\}$ 和 $\{s_{F2}^1, s_{F2}^2, \cdots, s_{F2}^m\}$,每个特征区域的质心记为 $\{p_{F1}^1, p_{F1}^2, \cdots, p_{F1}^m\}$ 和 $\{p_{F2}^1, p_{F2}^2, \cdots, p_{F2}^m\}$,如要使断裂面 F_1 和 F_2 拼接在一块,就是要将区域 $\{s_{F1}^1, s_{F1}^2, \cdots, s_{F1}^m\}$ 内的所有点通过平移、旋转等变换方式使其坐标与区域 $\{s_{F2}^1, s_{F2}^2, \cdots, s_{F2}^m\}$ 的点重合,如果 $p_{F1}^i = (x_{F1}^i, y_{F1}^i, z_{F1}^i)^T$ 的坐标变换成 $p_{F2}^i = (x_{F2}^i, y_{F2}^i, z_{F2}^i)^T$,则有 $P_{F2}^i = RP_{F1}^i + T$,其中 T 为平移向量,R 为旋转变换矩阵,而断裂面的拼合关键任务是找到断裂面 F_1 和 F_2 内点的对应关系,即求解出 T 和 R。据相关文献可知,T 和 R 的求解方法有奇异值分解法[163]、最小二乘法[164]和单位四元数法[165]。本书利用四元数方法计算平移向量 T 和旋转矩阵 R,具体步骤如下:

Step 1　根据对应点的坐标,构建点集的正交协方差矩阵:

$$N = \sum_{i=1}^{m} \left[(p_{F1}^i - \bar{p}_{F1}) \cdot (p_{F2}^i - \bar{p}_{F2})^T \right] \tag{6.19}$$

其中 $\bar{p}_{F1} = \sum_{i=1}^{m} p_{F1}^i, \bar{p}_{F2} = \sum_{i=1}^{m} p_{F2}^i$。

Step 2　根据协方差矩阵构建 4×4 对称矩阵:

$$Q(N) = \begin{pmatrix} tr(N) & \Delta^T \\ \Delta & N + N^T + tr(N)I_3 \end{pmatrix} \tag{6.20}$$

其中 $tr(N)$ 为矩阵 N 的轨迹;I_3 为 3×3 的单位矩阵,$\Delta = [A_{23} \quad A_{31} \quad A_{12}]$,$A_{ij} = (N - N^T)_{ij}$。

Step 3　计算矩阵 $Q(N)$ 的特征值与特征向量,其中最大特征值所对应的特征向量即为最佳旋转的单位四元数 $[q_0 \quad q_1 \quad q_2 \quad q_3]$。

Step 4　根据单位四元数构建旋转矩阵:

$$R = \begin{bmatrix} q_0^2 + q_1^2 - q_2^2 - q_3^2 & 2(q_1q_2 - q_0q_3) & 2(q_1q_3 + q_0q_2) \\ 2(q_1q_2 + q_0q_3) & q_0^2 + q_2^2 - q_1^2 - q_3^2 & 2(q_2q_3 - q_0q_1) \\ 2(q_1q_3 - q_0q_2) & 2(q_2q_3 + q_0q_1) & q_0^2 + q_3^2 - q_1^2 - q_2^2 \end{bmatrix} \tag{6.21}$$

Step 5　计算平移向量 T,即 $T = P_{F2}^i - RP_{F1}^i$。

图 6.8　初始拼合效果

根据互补区域对的质心初始拼接后,两碎块能够大致拼接在一块,如图 6.8 所示,说明所提算法具备一定的可用性。但由于计算误差等因素,初始拼合并不能达到理想效果,拼接处存在较大裂缝,且面与面之间还存有一定的错开现象,为此还需对初始拼接碎片进行进一步的精准拼合。

6.4　改进 ICP 的断裂面精确拼合

6.4.1　ICP 算法

ICP 算法由 Besl 和 Mckay 等[166]首次提出,该方法是一种高精度的曲面点云配准算法,其目的是在目标点云和参考点云数据之间找出一种刚体变换关系,使得两片点云曲面无缝贴合在一块。算法的本质为最小二乘法最优匹配方法,即通过迭代计算的方式,不断更新目标点云的数据坐标并计算误差,直至误差小于给定阈值。

不失一般性定义两个待拼合的面为 $P = \{p_i | i = 1, 2, \cdots, N\}$ 和 $Q = \{q_i | i = 1, 2, \cdots, M\}$,且 $N \leqslant M$,则 ICP 算法是按照一定的约束条件,在 Q 和 P 之间找到欧式距离最近的点对 (q_i, p_i),误差函数 $E(R, T)$ 最小时的旋转矩阵 $\boldsymbol{R}$ 和平移向量 $\boldsymbol{T}$ 则是最佳值,其中误差距离函数的表达式为

$$E(\boldsymbol{R}, \boldsymbol{T}) = \frac{1}{N} \sum_{i=1}^{N} \| \boldsymbol{R}p_i + \boldsymbol{T} - \boldsymbol{q}_i \| \qquad (6.22)$$

ICP 算法的具体步骤如下:

Step 1　计算 $Q = \{q_i | i = 1, 2, \cdots, M\}$ 内每一点与 $P = \{p_i | i = 1, 2, \cdots, N\}$ 内

点的距离,取最短距离点为就近点;

Step 2 根据就近点对通过四元数方法或奇异值分解法计算旋转矩阵 R 和平移向量 T,且使误差函数 $E(R,T)$ 最小;

Step 3 将 $P = \{p_i | i = 1,2,\cdots,N\}$ 内每一点根据旋转矩阵 R 和平移向量 T 计算新的点集 $P' = \{p'_i | i = 1,2,\cdots,N\}$;

Step 4 计算新点集 P' 与原点集 Q 中对应点间的平均距离;

Step 5 如果平均距离小于给定的阈值或者迭代的次数大于最大迭代次数,则停止迭代计算,否则返回 **Step 1**。

6.4.2 改进的 ICP 自动拼合算法

ICP 算法对待匹配的两片点云数据具有较高要求,一是要求待拼合的两幅点云之间有相近的初始位置,二是要求两个点云间存在包含关系,否则算法很容易陷入局部极值,甚至产生不收敛的现象。另外,算法的迭代次数和收敛情况很大程度上受迭代的初始值的影响;在匹配点对时,就近点直接选取的是两片点云中欧式距离最近的两点,这样容易造成错误匹配点,进而导致后续迭代次数增加,甚至致使拼合失败或算法不收敛。

对于断裂面部分缺损的文物碎片点云,其最大特点是待匹配的两片点云数据间有部分是不匹配的,同时两片点云间的初始位置无法确保相近,因此常规的 ICP 算法很难直接应用于部位缺损的文物点云碎片拼合。针对这种情况,本书提出一种改进 ICP 断裂面的拼合算法,具体流程图如图 6.9 所示。相比于传统 ICP 算法,所提算法拼合的数据基于互补区域对,解决了断裂面中存在缺失而导致断裂面匹配失败的问题;由于基于互补区域对,这样处理数据就很大程度上简化了,既确保了两片点云数据之间的包含关系,同时也减少了搜索的时间,提高了处理效率。另外,本节在改进 ICP 算法运行之前,需要先对两片点云数据进行初始拼合,以确保待匹配的两片点云间的位置相近,同时初始拼合所得到的旋转、平移矩阵将作为改进型 ICP 算法的迭代初始值,从而保证迭代初始值的准确性。而在就近点的筛选方面综合考虑欧式距离和体积分不变量,这样不仅可以提高拼合的精度,还在很大程度上减少迭代的次数,提高计算的速度。

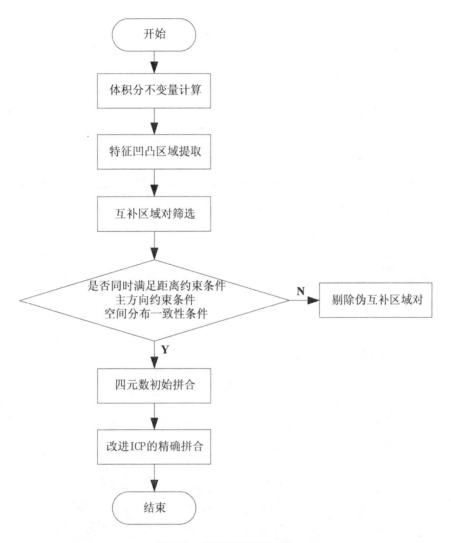

图 6.9　所提算法的流程图

设断裂面 F_1 为目标点云数据,断裂面 F_2 为参考点云数据,经过初始匹配拼合后得到的旋转、平移矩阵分别为 $\boldsymbol{R}^0$、$\boldsymbol{T}^0$,其中上标数字 0 表示初始值。F_1 和 F_2 之间共有 m 个互补区域对,其中 (s_{F1}^j, s_{F2}^j) 为互补区域对,任意区域 s_{F1}^j 可由其内部点表示,即 $S_{F1}^j = \{p_i^j \mid i = 1,2,\cdots,N^j\}$,任意区域 s_{F2}^j 可表示为 $s_{F2}^j = \{q_i^j \mid i = 1,2,\cdots,M^j\}$,其中 $j = 1,2,\cdots,m$,则改进的 ICP 算法具体步骤如下:

***Step* 1**　设定最大迭代次数 K 和匹配误差阈值 ε_f。

***Step* 2**　求取就近点。在所有互补区域对 (s_{F1}^j, s_{F2}^j) 内,对 s_{F2}^j 中任意一点 q_i^j

找到其在 S_{F1}^j 内欧式距离最近的四点,分别记为 p_1、p_2、p_3、p_4,各点的体积分不变量分别为 $V_r(p_1)$、$V_r(p_2)$、$V_r(p_3)$、$V_r(p_4)$,则就近点对为 (q_i^j, p_i^j),其中 p_i^j 的表达式为

$$p_i^j = \frac{1}{4} \frac{\sum\limits_{l=1}^{4} \dfrac{p_l}{|V_r(q_i^j) - V_r(p_l)|}}{\sum\limits_{l=1}^{4} \dfrac{1}{|V_r(q_i^j) - V_r(p_l)|}} \tag{6.23}$$

这样可保证体积分不变量越相近的点所占权重就越大,即所得到的就近点更为准确,从而能够有效地减少迭代次数,提高计算速度。

Step 3 根据新的点对匹配关系,利用四元数法重新计算新的 $\boldsymbol{R}^k$、$\boldsymbol{T}^k$,其中 k 表示迭代次数。

Step 4 根据平移向量 $\boldsymbol{T}^k$ 和旋转矩阵 $\boldsymbol{R}^k$ 计算断裂面 F_2 内所有特征区域 S_{F2}^j 内点的新坐标 q_i^{k+1},即 $q_i^{k+1} = R^k p_i + T^k$,则得到新点云集合 $s_{F2}^{'j} = \{q_i^{'j} | i = 1, 2, \cdots, M\}$。

Step 5 计算匹配距离误差,即

$$\bar{d}_k = \frac{1}{M} \sum_{i=1}^{M} \| \boldsymbol{R}^k \boldsymbol{p}_i + \boldsymbol{T}^k - \boldsymbol{q}_i \| = \frac{1}{M} \sum_{i=1}^{M} \| \boldsymbol{q}_i^{k+1} - \boldsymbol{q}_i \| \tag{6.24}$$

如果 $\bar{d}_k \leq \varepsilon_f$ 或 $k \geq K$ 迭代计算结束,则 $\boldsymbol{T}^k$、$\boldsymbol{R}^k$ 为最优结果,否则转至 ***Step 2***。

图 6.10   精确拼合效果

6.4.3   碰撞检测

如果两个待拼合的断裂面是邻接断裂面,则在它们准确对齐拼合之后断裂面之间应该是严丝合缝的,不会发生明显的渗透现象(重叠交错现象)[2]。

Papaioannou等[105]将三维点云转换成深度图像,然后利用深度缓存技术来检测是否发生了渗透现象,即碰撞检测,通过设定参考平面,将断裂面F_1、F_2的三维坐标转换成深度图像的像素点(i,j),随后绘制在设置好的视景体中,深度值统一归一化处理,即可得到两幅深度图像D_1、D_2,任意像素点(i,j)的碰撞程度定义为

$$permeate(i,j) = 1 - D_1(i,j) - D_2(i,j) \qquad (6.25)$$

文献[2]采用积分不变量来检测匹配轮廓三维曲线的碰撞程度,即通过待匹配曲线上对应点的积分不变量来检测,即点对(p,q)的碰撞程度函数为

$$permeate(p,q) = \left| 1 - V_r(p) - V_r(q) \right| \qquad (6.26)$$

若(p,q)一点为凸点或为凹点,则认同该处没有发生碰撞,为此设定阈值ρ,如果$permeate(p,q) \leqslant \rho$,则表示没有发生碰撞,否则表示发生了碰撞。$permeate(p,q)$值越大则认为碰撞程度越大,但该检测值受体积分不变量的计算半径r的影响。

受文献[2][105]的启发,本节采用断裂面之间互补区域内点的积分不变量构建碰撞检测算子,根据6.2.2节可知,当点p的体积分不变量$V_r(p) = 2\pi r^3/3$时,则认为该点在尺度r范围内为平面;当$V_r(p) > 2\pi r^3/3$时,则表示点p为凸点;当$V_r(p) < 2\pi r^3/3$时,则表示点p为凹点。如果断裂面F_1、F_2在点(p,q)处是严格匹对的,即拼合后严丝无缝,点(p,q)的体积分不变量之和必定等于球体的体积,则碰撞程度函数可定义为

$$permeate(p,q) = \left| 1 - \frac{3V_r(p) + 3V_r(q)}{4\pi r^3} \right| \qquad (6.27)$$

如果为严格的匹配点,则$permeate(p,q) \to 0$,为此可设定阈值ρ,如果$permeate(p,q) \leqslant \rho$,则表示没有发生碰撞,否则表示发生了碰撞。

6.5 实验结果与分析

所提算法以C++语言编程,在VS2010和PCL开发环境下实现,运行的硬件平台的处理器为3.60 GHz intel Core I7,8 GB内存,实验数据来自一个破碎的厚壁砖块,碎块之间的断裂面存在缺损区域,三维扫描数据由非专业人员利用HandySCAN 700激光扫描仪获得,扫描分辨率为1 mm,实验围绕算法的有效性验证和性能分析这两方面展开。

6.5.1　算法有效性验证

厚壁砖块共破碎为 6 块,其三维点云封装后的模型如图 6.11 所示,其中 1 号碎块有 93312 个点,2 号碎块有 71747 个点,3 号碎块有 64011 个点,4 号碎块有 84560 个点,5 号碎块有 77007 个点,6 号碎块有 42894 个点。算法有效性验证实验从两方面展开,一方面验证所提算法对于一对一碎块间拼合是否有效,另一方面验证该算法对于一对多的拼合能力。

(a)1 号碎块　　　　(b)2 号碎块　　　　(c)3 号碎块

(d)4 号碎块　　　　(e)5 号碎块　　　　(f)6 号碎块

图 6.11　碎块文件

体积分不变量的计算半径 $r = 5$ mm,区域分类阈值 $\varepsilon = 0.1$,各碎块在拼合之前进行过去噪、平滑等预处理,具体实验效果如图 6.12 和 6.13 所示,实验结果表明所提算法能够有效地解决一对一碎片的拼合。由于所提算法拼合的基础是互补区域对,因此即使两断裂面之间存有缺损,只要互补区域对有一定数量,就能将两断裂面拼合,因为所提算法实现过程中忽略了缺损区域,只考虑互补区域。这样做的好处一方面可将算法应用于部位缺损的碎块,另一方面也可提高处理的速度。如图 6.12(b) 所示,虽然 2 号碎块的断裂面有较大块区域缺损,但所提算法也能较好地将其与 1 号碎块拼合在一块,表明所提算法能够有效地解决部位缺损碎片的拼合。

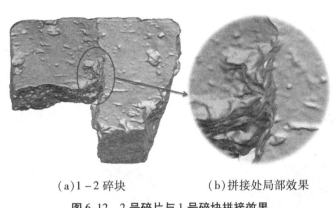

　　　　　(a)1-2碎块　　　　　　　(b)拼接处局部效果

图 6.12　2 号碎片与 1 号碎块拼接效果

　　(a)1-3碎块　　　　　　(b)2-3碎块　　　　　　(c)1-4碎块

　　(d)1-6碎块　　　　　　(e)4-5碎块　　　　　　(f)4-6碎块

图 6.13　一对一的拼接

　　一对一的拼合方式较为单一,拼合过程中只需考虑两个面之间的契合关系,为了进一步验证算法的有效性,实验尝试将进行多块碎片拼合,具体实验效果如图 6.14 所示。从实验结果来看,所提算法能够有效地解决多块碎片之间的拼合,但由于拼合误差的累积效应,如图 6.15 所示,当拼接到第六块碎块时,需同时考虑 6 号碎块与 4 号碎块、5 号碎块的断裂面之间的匹配关系。在处理过程中始终无法使得碎块 6 与碎块 4、5 的两面同时无缝拼接,但 6 号碎块所处的位置是正确的,表明所提算法能够较好地解决多块碎片的整体拼合。这主要是拼接过程的误差累积效应造成的,拼合的碎块越多,越往后碎片就很难同时与多块碎片严格拼合。

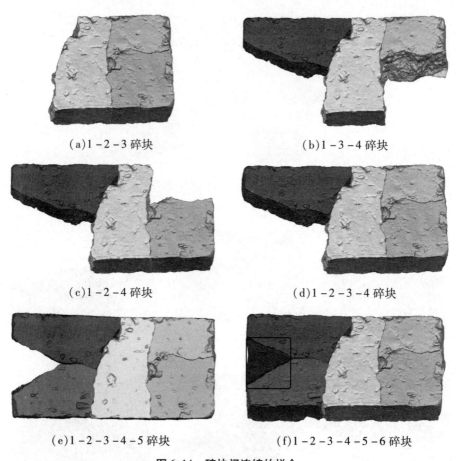

(a)1-2-3 碎块

(b)1-3-4 碎块

(c)1-2-4 碎块

(d)1-2-3-4 碎块

(e)1-2-3-4-5 碎块

(f)1-2-3-4-5-6 碎块

图 6.14　碎块间连续的拼合

图 6.15　4-5-6 碎块拼合接口处

表6.1　算法消耗时间

碎块	ICP 算法		所提算法			
	迭代次数	时间/s	迭代次数	初始拼合时间/s	精确拼合时间/s	总时间/s
1-3	13	9.65	6	1.03	2.56	3.59
1-4	16	11.75	7	2.01	3.01	5.02
1-6	11	8.43	5	0.95	2.21	3.16
2-3	10	7.56	4	0.83	1.76	2.59
4-5	18	13.13	7	1.98	2.98	4.96
4-6	14	11.01	6	1.86	2.45	4.31

6.5.2　算法性能分析

　　为了分析算法性能,将所提算法与ICP算法进行对比分析,分别记录碎块拼接所需时间和迭代次数,具体实验结果如表6.1所示,所提算法记录的时间由初始拼合时间和精确拼合时间两部分组成。由实验结果可知,ICP算法所耗时间是所提算法时间的2.5倍,对比1号碎块与其他碎块的拼合效果,本书所提算法拼合的准确性明显高于基于ICP算法。原因主要有以下两个方面:一方面,ICP算法要有效地拼接需要合适的初始位置,而所提算法由初始拼合和精准拼合组成,初始拼合能够使得两断裂面的位置达到相近或相同,这样后续精确拼合时的迭代次数明显少于基于ICP算法;另一方面,所提算法配准的数据是基于互补区域对,即所需匹配的数据相对较少,为此拼合的速度明显快于ICP算法,同时由于拼合过程由粗拼合和精拼合组成,使得拼合的效果明显优于ICP算法。

图6.16　ICP算法拼合结果

图 6.17　本书算法拼合效果

6.6　本章小结

　　本章给出了一种基于互补区域对的 ICP 点云碎块精确拼合算法:首先根据各点的体积分不变量将断裂面划分为不同子区域,然后根据子区域的形状特征信息及区域间凹凸的互补性,在两碎块断裂面之间寻找相似区域以组成互补区域对,进一步根据互补区域对的形状特征及其空间分布情况,寻找到最佳匹配的断裂面,同时通过四元数算法实现两断裂面的初始拼合,最后使用改进的 ICP 算法实现两碎块间的精确拼合。通过一对一碎块间的匹配拼合和一对多碎块间的拼合实验,证明所提算法的可行性,同时为了进一步验证算法性能,将所提算法与经典 ICP 算法进行对比分析,得知所提算法的拼合精度更高,计算耗时更少。

第7章 结论与展望

7.1 结论

文物碎片的虚拟拼合是利用三维数字化技术和计算机辅助手段对碎片的虚拟拼合,其主要技术包含了三维测量数据的获取、点云数据的预处理(数据去噪、精简)、点云数据特征的提取和碎片自动拼合等,为此本书主要围绕三维数字化技术、三维数据预处理和文物碎片数字化拼接中所涉及的具体问题而展开研究,取得的主要研究成果如下:

(1)双目立体视觉三维测量系统的相机标定

为了提高大视野应用场合下摄像机的标定精度,本书提出了一种综合多种畸变因素的标定方法。首先在分析透镜的径向畸变、切向畸变和薄棱镜畸变等因素对成像系统影响的基础上,建立了透镜的多畸变模型;然后以平面的单应性为约束条件,利用标定图中心区域的圆点坐标求得部分摄像机初始内外参数,假设经畸变校正后的像点符合透视投影原理,并在此基础上求出畸变系数;最后通过多畸变模型,以迭代计算的方式逐步逼近精确值。应用研究结果表明,所提方法的标定精度不低于 Tsai 两步法和张氏标定法,且在不同强度噪声的干扰下,标定结果的变异系数低,表明所提方法的抗噪性能强,且适用于任意种类的镜头畸变模型。

(2)特征保持的点云精简

针对现有特征保持的点云精简算法需要计算所有点的微分信息,而造成精简速度过慢且特征保持的效果不佳等问题,本书提出一种空间栅格动态划分的点云精简算法。首先设计了一种空间栅格动态划分方法,以实现无须计算所有点的微分信息,就可初步定位模型的特征区域和非特征区域。该方法将模型特征丰富区划入细小栅格内,把非特征区域压入大栅格中,为此只需在特征区域内提取点云特征点并保留,而在非特征区域根据栅格尺寸大小进行不同程度的精简,从而保证模型在快速精简的同时能较好地保留其细节特征。

(3)点云特征点、线的提取

针对现常规的特征检测方法需要利用所有点云的微分信息,而模型中绝大部分的点都是非特征点,这种检测将会浪费大量的计算时间,且单单基于点云的微分信息检测方式在一定情况下会出现误判现象。因此,为了提高特征点识别的准确性和稳定性,本书提出了一种基于空间结构的特征点提取算法。该算法首先以空间栅格动态划分为预处理手段将模型划分为特征区域和非特征区域,为此仅需在特征区域内解决特征点提取问题,从而降低运算量。针对特征点的提取问题,本书提出了一种新的点云特征检测算子——直线截距比的特征检测算子,在分析了该检测算子与法矢量夹角关系的基础上,构建了特征点筛选的条件函数。针对因点云的非均匀性可能会引起特征点误判问题,本书引入了关于距离的高斯函数对直线截距比进行修正,以降低远距离点对特征识别的贡献权重。应用研究结果表明,所提方法对于不同密度的点云模型均能较好地甄别出其细微特征,且耗时更少,提取出的特征点更能清晰地表征出模型的外貌,表明该算法能快速、准确地筛选出特征点,具有良好的抗噪能力和更强的特征识别能力。

(4)薄壁碎片的自动拼接

针对部分边缘缺损的薄壁碎片拼接问题,本书提出了一种基于导数动态时间规整的轮廓曲线段匹配方法。在研究空间曲线的曲率和挠率的理论基础上,本书提出一种空间曲线离散曲率、离散挠率的计算方法,并结合曲率和挠率的一阶微分信息,构建了三维曲线的特征描述符。针对部分轮廓曲线存在缺损现象,该方法首先根据角点对轮廓曲线进行分段处理,然后采用导数动态时间规整算法筛选候选匹配曲线段,再建立空间三角相似性和法向约束条件,以剔除伪匹配段并查找到匹配曲线,最后通过最小二乘法得到刚体变换关系,进一步构建误差函数,以迭代计算方式逐步逼近精确值。应用研究结果表明,所提方法能够解决一对一的碎片拼接问题,且所提算法耗时少,拼合误差小。

(5)部分区域缺损的厚壁碎片拼合

针对部分区域缺损的厚壁碎片拼合,本书提出一种基于互补区域对的 ICP 点云碎块拼合方法。该方法以体积分不变量构建局部区域平坦函数,据此将断裂面划分为不同的子区域(凹、凸、平坦区域),构建了子区域的形状特征描述符,据此在断裂面之间寻找相似区域以组成互补区域对,进一步根据互补区域对的距离约束条件、主方向约束条件和空间分布一致性,剔除伪互补区域对,并筛选出最佳匹配的断裂面;同时通过四元数算法实现碎块粗拼合,进一步以改进的 ICP 算法实现两碎块间的精确拼合。应用研究表明,所提方法能够有效解决部分区域特征缺损的断裂面拼合问题,且拼合精度高。

7.2　展望

本书围绕虚拟文物自动拼合过程中所涉的关键技术展开研究,即三维数字化技术、点云预处理、特征提取及缺损碎片、碎块拼合四个方面,旨在解决部分断裂区域(轮廓)缺损的碎片(块)拼合问题。研究取得了一些初步成果,但还有诸多研究值得进一步深入展开,具体如下:

(1)改善滤波算法的精度和效率。本书根据空间栅格的连通性来剔除大尺度噪声,该方法的优点是处理速度快,但普适性不够,主要表现在分割点云数据的立方体大小需多次实验确定,去噪的同时部分特征会存有丢失的可能性。后期可从理论上或多次试验中分析出最佳的栅格大小与点云数据的密度之间的关系。此外,针对特征保持问题,可尝试先采用点云微分信息或后续章节提出的特征点提取方法对点云数据有效地分类,但噪声点和特征点在形式上是一致的,如何有效地区分开噪声点和特征点,将是一个值得研究的问题。

(2)本书算法在点云数据精简和特征点提取之前,都是先使用空间栅格动态划分方法初步确定模型的特征区域,然后只需针对特征区域进行特征点提取,或在不同区域进行不同的精简,从而避免盲目的、大量的计算,提高了运算速度。但该方法具有一定的局限性,比如,对于由许多非常细小的球形帽组成的特殊表面,该算法将会产生部分错误。因此,在未来的工作中,需进一步考虑如何提高特征区域粗定位方法的普适性。

(3)本书算法的碎片(块)拼接是基于轮廓线和断裂面的部分匹配信息,后期可尝试融合多种特征信息的策略,以提高碎片(块)匹配的准确性和效率,比如可综合碎片间表面的纹理和颜色信息。

(4)碎片(块)整体拼合时,由于误差累加效应,导致在最后一两块碎片(块)的拼合过程中会出现较大误差,甚至出现渗透(重叠交错)现象。在未来工作中需考虑引入某种机制来规避碎块间整体拼合的误差,实现碎片(块)的无缝拼合。此外,碎片(块)拼合成一个整体,但由于缺损区域存在,部分区域存在空洞现象。在未来工作中,要考虑如何有效、智能化地补全缺损部分(空洞),且解决碎片表面的图像纹理的修复问题,以实现真正意义上的文物修复功能。

参 考 文 献

[1]俞朝晖.面向馆藏文物的三维数据获取及可视化研究[D].广州:华南理工大学,2016.

[2]张雨禾.散乱点云特征提取方法与部位缺损文物碎片拼接技术研究[D].西安:西北大学,2017.

[3]TABIA H,DAOUDI M,VANDEBORRE J P,et al. A new 3D-matching method of nonrigid and partially similar models using curve analysis[J]. IEEE transactions on software engineering,2010,33(4):852 – 858.

[4]HUANG Q X,FLOERY S,GELFAND N,et al. Reassembling fractured objects by geometric matching[J]. ACM transactions on graphics,2006,25(3):569 – 578.

[5]李姬俊男,耿国华,周明全,等.文物碎块虚拟拼接中的表面特征优化[J].计算机辅助设计与图形学学报,2014,26(12):2149 – 2154.

[6]张雨禾,耿国华,魏潇然,等.基于形状骨架图匹配的文物碎片自动重组方法[J].自动化学报,2017,43(4):622 – 633.

[7]毕德学,王欣亮,刘志芳,等.机器人工具和相机位姿标定的新方法[J].仪器仪表学报,2019,40(1):101 – 108.

[8]BADRI H,HASSOUNI M E,ABOUTAJDINE D. Kernel-based Laplacian smoothing method for 3D mesh denoising[C]// International Conference on Image and Signal Processing. Berlin:Springer,2012:77 – 84.

[9]李姬俊男,耿国华,周明全,等.一种基于邻接约束的交互式文物模型复原系统[J].西北大学学报(自然科学版),2016,46(1):55 – 60.

[10]周蓬勃,李姬俊男,税午阳.基于断裂面匹配的破碎文物的虚拟修复方法[J].系统仿真学报,2014,26(9):2176 – 2179.

[11]李姗姗,耿国华,周明全,等.基于表面邻接约束的交互式文物碎片重组[J].计算机辅助设计与图形学学报,2016,28(6):924 – 931.

［12］HéBERT P，SAINT-PIERRE R，TUBIC D．Auto-referenced system and apparatus for three-dimensional scanning：USA，US7912673［P］．2018 - 08 - 21．

［13］RENGIER F，MEHNDIRATTA A，TENGG-KOBLIGK H V，et al．3D printing based on imaging data：review of medical applications［J］．International journal of computer assisted radiology and surgery，2010，5（4）：335 - 341．

［14］SHI R，LOU Y J，ZHANG X，et al．A novel task coordinate frame reduced-dimension 3-D contouring control［J］．IEEE transactions on automation science and engineering，2018，15（4）：1852 - 1863．

［15］马孟超，邓华夏，张进，等．快速离焦投影三维测量技术［J］．仪器仪表学报，2017，38（10）：2564 - 2572．

［16］达飞鹏，盖绍彦．光栅投影三维精密测量［M］．北京：科学出版社，2011．

［17］MD Q C，GOO J M，JOON M，et al．Computed tomography（CT）［J］．Academic press encyclopedia of gastroenterology，2003：482 - 498．

［18］JARVIS R A．A laser time-of-flight range scanner for robotic vision［J］．IEEE transactions on pattern analysis and machine intelligence，1983，5（5）：505 - 512．

［19］YANG C W，HUO Y J，CHEN Q S，et al．Time-of-flight measurement in self-triggering pulsed laser ranging［J］．Optical engineering，2005，44（3）：1 - 5．

［20］TAKEDA M，MUTOH K．Fourier transform profilometry for the automatic measurement of 3-D object shapes［J］．Applied optics，1983，22（24）：3977．

［21］袁雪姣，冉清，赵文婧，等．面向双目立体视觉的迭代式局部颜色校正［J］．计算机辅助设计与图形学学报，2019，31（1）：65 - 75．

［22］DANG Q C，YOO S，KIM S W．Complete 3-D self-calibration of coordinate measuring machines［J］．CIRP annals-manufacturing technology，2006，55（1）：527 - 530．

［23］汤明，达飞鹏，盖绍彦．基于光栅投影的多摄像机标定方法［J］．仪器仪表学报，2016，37（9）：2149 - 2155．

［24］宋阳，周亚丽，张奇志．鱼眼镜头径向畸变的校正方法［J］．仪器仪表学报，2017，38（4）：1014 - 1023．

［25］ABDEL-AZIZ Y I，KARARA H M，HAUCK M. Directlinear transformation from comparator coordinates into object space coordinates in close-range photogrammetry［J］. Photogrammetric engineering and remote sensing，2015，81（2）：103 – 107.

［26］YAKIMOVSKY Y，CUNNINGHAM R. A system for extracting three-dimensional measurements from a stereo pair of TV cameras［J］. Computergraphics & image processing，1978，7（2）：195 – 210.

［27］HARTLEY R I. A linear method for reconstruction from lines and points ［C］// Proceedings of IEEE International Conference on Computer Vision. Cambridge：IEEE，1995：882 – 887.

［28］张艳珍，欧宗瑛. 一种新的摄像机线性标定方法［J］. 中国图象图形学报，2001，6（8）：727 – 731.

［29］FAIG W. Calibration of close-range photogrammetry systems：mathematical formulation［J］. Photogrammetric engineering and remote sensing，1975，41（12）：1479 – 1486.

［30］SOBEL I. On calibrating computer controlled cameras for perceiving 3-D scenes［J］. Artificial intelligence，1974，5（2）：185 – 198.

［31］王素华，沈湘衡，叶露. 可调对比度目标源装置中对比度的标定［J］. 光学精密工程，2012，20（5）：949 – 956.

［32］张梦洋，秦瑞康，李福东，等. 基于改进遗传算法的单目相机标定［J］. 人工智能与机器人研究，2016，5（3）：53 – 62.

［33］刘丹，刘学军，王美珍. 由灭点进行径向畸变的自动校正［J］. 中国图象图形学报，2014，19（3）：407 – 413.

［34］远国勤，丁亚林，惠守文，等. 基于旋转正交性的测绘相机内方位元素标定方法［J］. 仪器仪表学报，2014，35（1）：185 – 190.

［35］TSAI R Y. An efficient and accurate camera calibration technique for 3D machine vision［J］. Computer vision and pattern recognition，1986：364 – 374.

［36］徐杰. 机器视觉中摄像机标定 Tsai 两步法的分析与改进［J］. 计算机工程与科学，2010，32（4）：45 – 48.

［37］叶峰，王敏，陈剑东，等. 共面点的摄像机非线性畸变校正［J］. 光学精

密工程,2015,23(10):2962 – 2970.

[38]ZHANG Z Y. Camera calibration with one-dimensional objects[J]. IEEE transactions on pattern analysis and machine intelligence,2004,26(7):892 – 899.

[39]ZHANG Z Y. A flexible new technique for camera calibration[J]. IEEE transactions on pattern analysis and machine intelligence, 2000, 22 (11): 1330 – 1334.

[40]FAUGERAS O D,LUONG Q T,MAYBANK S J. Camera self-calibration: theory and experiments[J]. Lecture notes in computer science, 1992,588 (12): 321 – 334.

[41]MAYBANK S J,FAUGERAS O D. A theory of self-calibration of a moving camera[J]. International journal of computer vision,1992,8(2):123 – 151.

[42]吴禄慎,史皓良,陈华伟.基于特征信息分类的三维点数据去噪[J].光学精密工程,2016,24(6):1465 – 1473.

[43]WANG X,ZOU L J,SHEN X H,et al. A region-growing approach for automatic outcrop fracture extraction from a three-dimensional point cloud[J]. Computers & geosciences,2017,99:100 – 106.

[44]MO Y,ZOU X,WEIMING S,et al. Target accurate positioning based on the point cloud created by stereo vision[C]// 2016 23rd International Conference on Mechatronics and Machine Vision in Practice. Nanjing:IEEE,2017:94 – 98.

[45]YANG J Q,CAO Z G,ZHANG Q. A fast and robust local descriptor for 3D point cloud registration[J]. Information sciences,2016,346 – 347:163 – 179.

[46]AWRANGJEB M. Using point cloud data to identify,trace,and regularize the outlines of buildings[J]. International journal of remote sensing,2016,37(3):551 – 579.

[47]BERGER M,TAGLIASACCHI A,SEVERSKY L M,et al. A survey of surface reconstruction from point clouds[J]. Computer graphics forum,2017,36:301 – 329.

[48]DE C T,OLOFSSON K,GRGENS E B. Performance of stem denoising and stem modelling algorithms on single tree point clouds from terrestrial laser scanning [J]. Computers and electronics in agriculture,2017,143(1):165 – 176.

[49]TAUBIN G. A signal processing approach to fair surface design[C]// Conference on Computer Graphics and Interactive Techniques. ACM,1995:351 – 358.

[50]JONES T R,DURAND F,DESBRUN M. Non-iterative,feature-preserving mesh smoothing[J]. Acm transactions on graphics,2004,22(3):943 – 949.

[51]FLEISHMAN S,COHEN-OR D,SILVA C. Robust moving least-squares fitting with sharp features[J]. Acm transactions on graphics,2005,24(3):544 – 552.

[52]苏志勋,栗志扬,王小超. 基于法向修正及中值滤波的点云平滑[J]. 计算机辅助设计与图形学学报,2010,22(11):1892 – 1898.

[53]GU X Y,LIU Y S,WU Q. A filtering algorithm for scattered point cloud based on curvature features classification[J]. Journal of information & computational science,2015,12(2):525 – 532.

[54]WIBOWO S A,KIM S. Three-dimensional face point cloud smoothing based on modified anisotropic diffusion method[J]. International journal of fuzzy logic & intelligent systems,2014,14(2):84 – 90.

[55]王丽辉,袁保宗. 鲁棒的模糊 C 均值和点云双边滤波去噪[J]. 北京交通大学学报,2008,32(2):18 – 22.

[56]李晋江,张彩明,范辉. 群体智能点云光顺去噪算法[J]. 计算机集成制造系统,2011,17(5):935 – 945.

[57]郭进,陈小宁,吕峻闽,等. 采用密度 k-means 和改进双边滤波的点云自适应去噪算法[J]. 传感器与微系统,2016,35(7):147 – 149.

[58]许龙,黄翔,李根. 一种基于模糊 C 均值和均值滤波的点云去噪算法[J]. 机械制造与自动化,2016,45(4):5 – 7.

[59]朱俊锋,胡翔云,张祖勋,等. 多尺度点云噪声检测的密度分析法[J]. 测绘学报,2015,44(3):282 – 291.

[60]MARTIN R R,STROUD I A,MARSHALL A D. Data reduction for reverse engineering[J]. The mathematics of surfaces,1996:85 – 100.

[61]LEE K H,WOO H,SUK T. Point data reduction using 3D grids[J]. The international journal of advanced manufacturing technology,2001,18(3):201 – 210.

［62］CHEN Y H,NG C T,WANG Y Z. Data reduction in integrated reverse engineering and rapid prototyping［J］. Internationa journal of computelr integrated manufacturing,1999,12(2):97 – 103.

［63］PAULY M,GROSS M,KOBBELT L P. Efficient simplification of point-sampled surfaces［C］// IEEE Conference on Visualization 2022. Boston:IEEE,2008:163 – 170.

［64］WEIR D J,MILROY M J,BRADLEY C,et al. Reverse engineering physical models employing wrap-around B-spline surfaces and quadrics［J］. Proceedings of the institution of mechanical engineers,part b:journal of engineering manufacture,1996,210(B2):147 – 157.

［65］袁小翠,吴禄慎,陈华伟. 特征保持点云数据精简［J］. 光学精密工程,2015,23(9):2666 – 2676.

［66］周煜,张万兵,杜发荣,等. 散乱点云数据的曲率精简算法［J］. 北京理工大学学报,2010,30(7):785 – 789.

［67］张雨禾,耿国华,魏潇然,等. 保留几何特征的散乱点云简化算法［J］. 计算机辅助设计与图形学学报,2016,28(9):1420 – 1427.

［68］刘迎,王朝阳,高楠,等. 特征提取的点云自适应精简［J］. 光学精密工程,2017,25(1):245 – 254.

［69］HAN H,HAN X,SUN F,et al. Point cloud simplification with preserved edge based on normal vector［J］. Optik-international journal for light and electron optics,2015,126(19):2157 – 2162.

［70］KOLLER D,TRIMBLE J,NAJBJERG T. Fragments of the city:stanford's digital forma urbis romae project［J］. Journal of roman archaeology,2006,6(61):237 – 252.

［71］WILLIS A R,COOPER D B. Computational reconstruction of ancient artifacts［J］. IEEE signal processing magazine,2008,25(4):65 – 83.

［72］GUMHOLD S,WANG X,MACLEOD R. Feature extraction from point clouds［J］. Proc ofimr,2001.

［73］聂建辉,刘烨,高浩,等. 基于符号曲面变化度与特征分区的点云特征线提取算法［J］. 计算机辅助设计与图形学学报,2015,27(12):2332 – 2339.

[74]NIE,JIAN H. Extracting feature lines from point clouds based on smooth shrink and iterative thinning[J]. Academic press professional,2016,84:38 - 49.

[75]PAULY M,KEISER R,GROSS M. Multi-scale feature extraction on point-sampled surfaces[J]. Computer graphics forum,2003,22(3):281 - 289.

[76]GUO Y L,BENNAMOUN M,SOHEL F,et al. 3D object recognition in cluttered scenes with local surface features:a survey[J]. IEEE transactions on pattern analysis and machine intelligence,2014,36(11):2270 - 2287.

[77]GUO Y L,BENNAMOUN M,SOHEL F,et al. A comprehensive performance evaluation of 3D local feature descriptors[J]. International journal of computer vision,2016,116(1):66 - 89.

[78]PARK M K,LEE S J,LEE K H. Multi-scale tensor voting for feature extraction from unstructured point clouds[J]. Graphical models,2012,74(4):197 - 208.

[79]HO H T,GIBBINS D. Curvature-based approach for multi-scale feature extraction from 3D meshes and unstructured point clouds[J]. IET computer vision,2009,3(4):201 - 212.

[80]李明磊,李广云,王力,等. 采用八叉树体素生长的点云平面提取[J]. 光学精密工程,2018,26(1):172 - 183.

[81]吾守尔·斯拉木,曹巨明. 一种新的散乱点云尖锐特征提取方法[J]. 西安交通大学学报,2012,46(12):1 - 5,73.

[82]庞旭芳,庞明勇,肖春霞. 点云模型谷脊特征的提取与增强算法[J]. 自动化学报,2010,36(8):1073 - 1083.

[83]王丽辉,袁保宗. 三维散乱点云模型的特征点检测[J]. 信号处理,2011,27(6):932 - 938.

[84]黄源,达飞鹏,陶海跻. 一种基于特征提取的点云自动配准算法[J]. 中国激光,2015,42(3):250 - 256.

[85]ZHANG Y H,GENG G H,WEI X R,et al. A statistical approach for extraction of feature lines from point clouds[J]. Computers & graphics,2016,56:31 - 45.

[86]BESL P J,MCKAY N D. Method for registration of 3-D shapes[C]//

Sensor Fusion IV: Control Paradigms and Data Structures. Boston: Society of Photo-Optical Instrumentation Engineers, 1992:239 – 256.

[87] JOHNSON A E, KANG S B. Registration and integration of textured 3D data[J]. Image and vision computing, 1999, 17(2):135 – 147.

[88] FITZGIBBON A W. Robust registration of 2D and 3D point sets[J]. Image and vision computing, 2003, 21(13):1145 – 1153.

[89] DRUON S, ALDON M J, CROSNIER A. Color Constrained ICP for Registration of Large Unstructured 3D Color Data Sets[C]// 2006 IEEE International Conference on Information Acquisition. Veihai: IEEE, 2007:352 – 368.

[90] WOLFSON H J. On curve matching[J]. IEEE transactions on pattern analysis and machine intelligence, 1990, 12(5):483 – 489.

[91] LEITAO H C D G, STOLFI J. A multiscale method for the reassembly of two-dimensional fragmented objects[J]. IEEE transactions on pattern analysis and machine intelligence, 2002, 24(9):1239 – 1251.

[92] UCOLUK G, TOROSLU I H. Automatic reconstruction of broken 3-D surface objects[J]. Computers &graphics, 1999, 23(4):573 – 582.

[93] OXHOLM G, NISHINO K. Reassembling thin artifacts of unknown geometry[C]// The 12th International Symposium on Virtual Reality, Archaeology and Cultural Heritage VAST. Euro graphics Association, 2011:35 – 39.

[94] KONG W, KIMIA B B. On Solving 2D and 3D Puzzles Using Curve Matching[C]// Proceedings of the 2001 IEEE Computer Society Conference on Computer Vision and Pattern Recognition. Kauai: IEEE, 2001:29 – 35.

[95] COHEN F, LIU Z, EZGI T. Virtual reconstruction of archeological vessels using expert priors and intrinsic differential geometry information[J]. Computers & graphics, 2013, 37(1/2):41 – 53.

[96] YU W, LI M Q, LI X. Fragmented skull modeling using heat kernels[J]. Graphical models, 2012, 74(4):140 – 151.

[97] ZHANG K, YU W, MANHEIN M, et al. 3D Fragment Reassembly Using Integrated Template Guidance and Fracture-Region Matching[C]// Proceedings of the IEEE International Conference on Computer Vision (ICCV). Santiago: IEEE,

2015:2138 - 2146.

[98]朱延娟,周来水,张丽艳. 3 维碎片拼合的算法研究[J]. 中国图象图形学报,2007,12(1):164 - 170.

[99]高剑,张彩明,孟祥旭,等. 一种基于 DDTW 的三维碎片自动拼接方法[J]. 计算机学报,2009,32(2):342 - 349.

[100]周明全,袁洁,耿国华,等. 基于轮廓线特征点的交互式文物拼接[J]. 光学精密工程,2017,25(6):1597 - 1606.

[101]HUANG Q X,GELFAND N,HOFER M,et al. Reassembling fractured objects by geometric matching[J]. ACM Transactions on Graphics,2006,25(3): 569 - 578.

[102]BAREQUET G,SHARIR M. Partial surface matching by using directed footprints[J]. Computational geometry,1999,12(1):45 - 62.

[103]GELFAND N,MITRA N J,GUIBAS L J,et al. Robust global registration [C]// Eurographics Symposium on Geometry Processing 2005. Eurographics Association,2005:197 - 206.

[104]CHEN H,BHANU B. 3D free-form object recognition in range images using local surface patches[J]. Pattern recognition letters,2007,28(10):1252 - 1262.

[105]PAPAIOANNOU G,KARABASSI E A,THEOHARIS T. Reconstruction of three-dimensional objects through matching of their parts[J]. IEEE transactions on pattern analysis and machine intelligence,2002,24(1):114 - 124.

[106]ITSKOVICH A,TAL A. Surface partial matching and application to archaeology[J]. Computers & graphics,2011,35(2):334 - 341.

[107]WINKELBACH S,WAHL F M. Pairwise matching of 3D fragments using cluster trees[J]. International journal of computer vision,2008,78(1):1 - 13.

[108]ZHANG D M,HEBERT M. Harmonic maps and their applications in surface matching[C]// 1999 IEEE Computer Society Conference on Computer Vision and Pattern Recognition. Fort Collins:IEEE,1999:524 - 530.

[109]VENDRELL-VIDAL E. A discrete approach for pairwise matching of archaeological fragments[J]. Journal on computing & cultural heritage,2014,7(3):

1 - 19.

[110]李群辉,周明全,耿国华. 基于积分不变量的断裂面匹配算法[J]. 计算机工程,2012,38(3):156 - 158.

[111]徐嵩,孙秀霞,刘树光,等. 一种基于正交直线构造的摄像机畸变标定方法[J]. 仪器仪表学报,2013,34(9):2118 - 2123.

[112]占栋,肖建. 基于线结构光参考平面的多摄像机灵活标定方法研究[J]. 仪器仪表学报,2015,36(9):2030 - 2036.

[113]吴军,徐刚,董增来,等. 引入灭点约束的 TSAI 两步法相机标定改进研究[J]. 武汉大学学报(信息科学版),2012,37(1):17 - 21.

[114]ZHU Y,KANG B S,LI H A,et al. Improved algorithm for point cloud data simplification[J]. Journal of computer applications,2012,32(2):521 - 523, 544.

[115]LEE P F,HUANG C P. The DSO Feature Based Point Cloud Simplifica-tion[C]// Eighth International Conference on Computer Graphics,Imaging and Vi-sualization. Singapore:IEEE,2011:1 - 6.

[116]TORRENTE M L,BIASOTTI S,FALCIDIENO B. Recognition of feature curves on 3D shapes using an algebraic approach to Hough transforms[J]. Pattern recognition,2008,73:111 - 130.

[117]LI H B,HUANG D,MORVAN J M,et al. Towards 3D face recognition in the real:a registration-free approach using fine-grained matching of 3D keypoint de-scriptors[J]. International journal of computer vision,2015,113(2):128 - 142.

[118]高宏娟,耿国华,王飘. 基于关键点特征描述子的三维文物碎片重组[J]. 计算机辅助设计与图形学学报,2019,31(3):393 - 399.

[119]王飘,耿国华,张雨禾. 基于表面纹理特征定义的碎片拼接方法[J]. 激光与光电子学进展,2018,55(8):274 - 282.

[120]魏阳,周明全,耿国华,等. 基于多特征和 SVM 的兵马俑碎片分类[J]. 西北大学学报(自然科学版),2017,47(4):497 - 504.

[121]AYACHE N,HANSEN C. Rectification of images for binocular and trin-ocular stereovision[C]// 9th International Conference on Pattern Recognition. Los Alamitos:IEEE,1988:11 - 16.

［122］COCHRAN S D, MEDIONI G. 3-D surface description from binocular stereo［J］. IEEE transactions on pattern analysis and machine intelligence,1992,14 (10):981 – 994.

［123］杨景豪,刘巍,刘阳,等. 双目立体视觉测量系统的标定［J］. 光学精密工程,2016,24(2):300 – 308.

［124］WENG J,COHEN P. Camera calibration with distortion models and accuracy evalution［J］. IEEE transactions on pattern analysis and machine intelligence, 1992,14(10):965 – 980.

［125］PENNA M A. Camera calibration:a quick and easy way to determine the scale factor［J］. IEEE transactions on pattern analysis and machine intelligence, 1991,13(12):1240 – 1245.

［126］张静,李强,杨馥霖. 双目立体视觉测量的实现和结构参数选择［J］. 机械设计与制造工程,2018,47(7):1 – 5.

［127］YU Z J, HE X. Research on intrusion clearance detection system for high-speed railway based on binocular stereo vision［C］// IEEE International Conference on Service Operations,Logistics and Informatics. Beijing:IEEE,2011:532 – 536.

［128］董方新,蔡军,解杨敏. 立体视觉和三维激光系统的联合标定方法［J］. 仪器仪表学报,2017,38(10):2589 – 2596.

［129］LOEHLIN J C. The Cholesky approach:a cautionary note［J］. Behavior Genetics,1996,26(1):65 – 69.

［130］ZHAO Y,YU X. Paracatadioptric camera calibration using sphere images and common self-polar triangles［J］. Optical review,2019.

［131］YOUNG F, LEEUW J, TAKANE Y. Regression with qualitative and quantitative variables:an alternating least squares method with optimal scaling features［J］. Psychometrika,1976,41(4):505 – 529.

［132］BROWN C E. Coefficient of Variation［M］. New York:Springer US, 2006.

［133］周明全,李璨,解国栋,等. 基于三维模型的考古线图提取方法［J］. 北京理工大学学报,2018,38(3):286 – 292.

[134]CHEN Y H,YUE L H. A method for dynamic simplification of massive point cloud[C]// IEEE International Conference on Industrial Technology. Taipei: IEEE,2016:1690 – 1693.

[135]SCHNABEL R,KLEIN R. Octree-based point-cloud compression[C]// Eurographics / IEEE Vgtc Conference on Point-Based Graphics. Boston:Eurographics Association,2006:111 – 121.

[136]FISCHLER M A,BOLLES R C. Random sample consensus:a paradigm for model fitting with applications to image analysis and automated cartography[J]. Readings in computer vision,1987:726 – 740.

[137]陈龙,蔡勇,张建生,等.基于多判别参数混合方法的散乱点云特征提取[J].计算机应用研究,2017,34(9):2867 – 2870.

[138]SHI B Q,LIANG J,LIU Q. Adaptive simplification of point cloud using-means clustering[J]. Computer aided design,2011,43(8):910 – 922.

[139]HOPPE H,DEROSE T,DUCHAMP T,et al. Surface reconstruction from unorganized points[J]. ACM SIGGRAPH computer graphics,1992,26(2):71 – 78.

[140]GOLDFEATHER J,INTERRANTE V. A novel cubic-order algorithm for approximating principal direction vectors[J]. ACM transactions on graphics,2004,23 (1):45 – 63.

[141]ALTANTSETSEG E,MURAKI Y,MATSUYAMA K,et al. Feature line extraction from unorganized noisy point clouds using truncated Fourier series[J]. The visual computer,2013,29(6/7/8):617 – 626.

[142]VERSPRILLE,KENNETH J. Computer-aided design applications of the rational b-spline approximation form[D]. Syracuse:Syracuse University,1975.

[143]PIEGL L. A geometric investigation of the rational Bezier scheme of computer aided design[J]. Computers in industry,1986,7(5):401 – 410.

[144]PIEGL L. Modifying the shape of rational B-splines. part 2:surfaces [J]. Computer-aided design,1989,21(9):538 – 546.

[145]TILLER W. Rational B-splines for curve and surface representation[J]. IEEE computer graphics & applications,1983,3(6):61 – 69.

[146]TILLER W. Geometric modeling using nonuniform rational B-splines:

mathematical techniques[M]. New York:Siggraph Tutorial notes,1986.

[147]FARIN G. Algorithms for rational Bézier curves[J]. Computer-aided design,1983,15(2):73 –77.

[148]FARIN G E. Curves and Surfaces for Computer Aided Geometric Design:A Practical Guide[M]. Salt Lake City:Academic Press,1988.

[149]FARIN G E. NURB for curves and surfaces,design:from projective geometry to practical use[M]. New York:A. K. Peters/CRC press,1999.

[150]王晓辉. 散乱点云特征提取与面向汽车模具的表面缺陷特征识别技术研究[D]. 南昌:南昌大学,2019.

[151]方丽菁,卢卫君,黄文钧. 曲率挠率的估计算法及其工艺嵌入[J]. 图学学报,2012,33(2):9 –13.

[152]GAO J,ZHANG C M,MENG X X. Automatic fragment re-assembly method based on DDTW match[J]. Chinese journal of computers,2009,32(2):342 –349.

[153]STARIKOVSKAYA T,VILDHØJ H W. Time-space trade-offs for the longest common substring problem[C]// Combinatorial pattern matching:24th Annual Symposium. Bad Herrenalb:Springer,2013:223 –234.

[154]GUERRA C,APOSTOLICO A. The longest common subsequence problem revisited[J]. Algorithmica,1987,2(1):315 –336.

[155]BUKH B,HOGENSON R. Length of the longest common subsequence between overlapping words[J]. SIAM Journal on discrete mathematics,2020,14(1):721 –729.

[156]RATH T M,MANMATHA R. Word Image Matching Using Dynamic Time Warping[C]// 2003 IEEE Computer Society Conference on Computer Vision and Pattern Recognition. Madison:IEEE,2003:21 –29.

[157]KEOGH E J,PAZZANI M J. Derivative Dynamic Time Warping[C]// Proceedings of the 2001 SIAM International Conference on Data Mining. Philadelphia:Society for Industrial and Applied Mathematics,2002:1 –11.

[158]MANAY S,CREMERS D,HONG B W,et al. Integral invariants for shape matching[J]. IEEE transactions on pattern analysis and machine intelligence,

2006,28(10):1602 - 1618.

[159]POTTMANN H,WALLNER J,HUANG Q X,et al. Integral invariants for robust geometry processing[J]. Computer aided geometric design,2012,26(1):37 - 60.

[160]BESL P J,JAIN R C. Segmentation through variable-order surface fitting [J]. IEEE transactions on pattern analysis and machine intelligence,1988,10(2): 167 - 192.

[161]李群辉. 基于断裂面匹配的破碎刚体复原研究[D]. 西安:西北大学, 2013.

[162]李群辉,周明全,耿国华. 断裂面匹配的破碎刚体复原[J]. 中国图象图形学报,2012,17(10):1298 - 1304.

[163]FAUGERAS O D,HEBERT M. The representation,recognition,and locating 3D objects[J]. International journal of robotic research,1986,5(3):27 - 52.

[164]沈海平,达飞鹏,雷家勇. 基于最小二乘法的点云数据拼接研究[J]. 中国图象图形学报,2005,10(9):1112 - 1116.

[165]HORN B K P,HILDEN H M,NEGAHDARIPOUR S. Closed-form solution of absolute orientation using orthonormal matrices[J]. Journal of the optical society of America A,1988,5(7):1127 - 1135.

[166]BESL P J,MCKAY H D. A method for registration of 3-D shapes[J]. IEEE transactions on pattern analysis and machine intelligence,1992,14(2):239 - 256.